GENERATIVE AI

生成式
人工智能

教师应用指南

主　　编：胡小勇

副 主 编：穆　肃

编　　委：许课雪　贺　玮　张雅慧　黄　惠

　　　　　刘雪旎　刘桓秀　黄子蕙　朱敏捷

　　　　　郭宝心　李婉怡

SPM 南方传媒
全国优秀出版社
全国百佳图书出版单位　广东教育出版社
·广州·

图书在版编目（CIP）数据

生成式人工智能：教师应用指南／胡小勇主编.

广州：广东教育出版社，2025.1（2025.6重印）.

ISBN 978-7-5548-6981-9

Ⅰ．G43

中国国家版本馆CIP数据核字第2025Z68K07号

生成式人工智能：教师应用指南

SHENGCHENGSHI RENGONG ZHINENG：JIAOSHI YINGYONG ZHINAN

出 版 人：朱文清

项目策划：李杰静　林　雁

责任编辑：李杰静　刘原岐　严洪超

责任技编：杨启承　刘思琴

责任校对：王惠贤　谭　曦

装帧设计：李玉玺

出版发行：广东教育出版社

　　　　　（广州市环市东路472号12—15楼　邮政编码：510075）

销售热线：020-87772438

网　　址：http://www.gjs.cn

邮　　箱：gjs-quality@nfcb.com.cn

印　　刷：佛山市浩文彩色印刷有限公司

　　　　　（佛山市南海区狮山科技工业园A区）

规　　格：787 mm×1092 mm　1/16

印　　张：20

字　　数：313千

版　　次：2025年1月第1版

　　　　　2025年6月第5次印刷

定　　价：68.00元

序 言

"未来已来，与最先进的人工智能技术同向进化，才能避免被新一代人工智能碾压替代，做不落伍于新时代的智慧型教师。"

——本书主编

在人工智能迅速发展的今天，生成式人工智能（Generative Artificial Intelligence，GAI）正在以其独特的方式重塑教育行业的未来，影响力巨大。在此过程中，许多教师面对这一新技术时既感陌生，又存疑虑：生成式人工智能究竟能为教师带来什么变化，如何将其有效地融入日常教学工作中，又该如何找到技术力量与育人初心的平衡点？这些问题并非抽象的讨论，而是每位教师在迎接智能教育变革时所要面对的真实挑战。与传统的技术工具不同，生成式人工智能不仅仅是一种辅助工具，更可能是一种创新型的协作者，它能够主动生成内容、分析数据，协助教师开展教学创新。对许多教师而言，理解、掌握并应用生成式人工智能技术已经迫在眉睫。本书在此背景下应运而生，旨在为一线教师提供一本实用的生成式人工智能赋能教师发展的"应手之物"。

本书并非高深的理论读物，而是通俗实用的操作手册。我们深知，一线教师在日常实际教学中面临诸多问题，需要的不仅仅是理论的指导，更需要能够拿来即用的实践指引。本书期望通过生成式人工智能的场景化应用导向，帮助一线教师"操之上手，拿之即用"，快速掌握生成式人工智能的实践性知识；让教师与生成式人工智能的高效协同工作不再是遥不可及的愿景，而是成为当下可行的实践技能。

"智能升级，何以为师"与"人工智能，以何助师"，分别对应本书内容结构的"理论篇"与"实践篇"版块。其中，"理论篇"内容主要源于华南师范大学教育人工智能团队近年发表的代表性理论文章，概述了生成式人工智能在教育中的发展态势及政策导向、人工智能对培养学生高阶思维的必要性、教师智能教育素养的提升路径等。我们没有力求理论完美，而只是将系列观点串成"项链"，丰富教师的智能教育理论涵养。"实践篇"内容为"生成式人工智能赋能未来教师"高级研修课程的核心内容，通过"场景描述""知识卡片""工具材料""应用案例""技巧提示"栏目，立体呈现生成式人工智能的教学应用方法，涵盖工具操作技巧和创新教学设计，帮助教师完成工作减负、生成教学资源、提升科研效率等任务。在每个模块的开篇，我们精选了一句名人名言以启发读者思考。有趣的是，其中一句名言并非出自任何名人之口，而是由生成式人工智能工具生成。在每个模块的结尾，我们均列出了能帮助教师深入学习的拓展资源。本书中的人物肖像图片均选自各平台的免费资源，并以其原始形式呈现。在后记中，本书还特别关注了教育人工智能的伦理规范议题，建议教师要以"真善美"的价值导向负责任地使用人工智能技术。我们希望教师不仅能善用生成式人工智能技术，更能在科技高速发展的时代巨变中树立正确的价值观。

教育的本质始终是"育人"。即便生成式人工智能走入课堂，教师依然是学生的引路人和心灵导师，是激发学生求知欲、引导学生守正立德的示范榜样。希望本书能够成为教师手中的一把钥匙，让他们可以用智能技术赋能教学，用师者智慧点亮未来。

目录

理论篇

智能升级，何以为师？

模块一

智能升级，教育发展新态势

1—1

人工智能融入教育的态势与路向

在世界百年未有之大变局下，新一代人工智能（简称人工智能或Artificial Intelligence，AI）技术呈现跃迁勃发之势，正成为引领科技革命和产业变革的顶级战略技术。2016年，AlphaGo战胜世界围棋冠军李世石；2017年，沙特授予机器人索菲亚公民身份；2022年，OpenAI推出生成式人工智能对话机器人ChatGPT；2024年初，马斯克旗下脑机接口公司完成了首例人类大脑设备植入手术，OpenAI发布了号称"物理世界模拟器"的文生视频大模型Sora。人工智能正快速推动千行百业迈向人机协同、跨界融合、共创分享的时代。同时，"人工智能+教育"深度相融的智能化趋向凸显，学界称之为"智能教育"现象。凭借其强有力的通用性、渗透性和颠覆性，人工智能对教育体系的影响之大，举世瞩目。习近平强调，"中国高度重视人工智能对教育的深刻影响，积极推动人工智能和教育深度融合"。人类发展历史表明，科技立则民族立，教育强则国家强，科技和教育在每个国家发展的过程中都同时具有基础性、战略性的支撑地位。在世界百年未有之大变局与中华民族伟大复兴战略全局的大背景下，人工智能技术如何融入教育的历史脉络和全球态势，人工智能因何对教育变革产生影响，世界主要国家在人工智能与教育的耦合发展中站位如何，又该如何有组织地推动教育智能化，中国教育应该如何抢抓机遇应对不可逆的智能化挑战？这些问题都是实现教育强国建设和中国式教育现代化目标所必须思考的。

一、教育智能化的历史脉络与国际比较

（一）历史溯源：随技术创新而教育应用升级

人工智能是引领新一轮科技革命和产业变革的重要驱动力，但其并不是全新概念。1956年，约翰·麦卡锡等学者齐聚达特茅斯会议，首次提出"用机器模拟人的智能"的人工智能概念。从"拟人"视角出发，人工智能应用于教育出现过四种代表性隐喻：一是做学员，代表是由西蒙·派珀特教授发明的LOGO，并演变为Scratch；二是做导师，代表是由卡博内尔首次提出的智能导师系统（Intelligent Tutoring System，ITS）；三是做学伴，如中国台湾学者陈德怀教授提出的虚拟学伴系统；四是做助手，代表是近年来研究者们探索的AI学习助理。

纵观20世纪，早期的人工智能技术以数理逻辑式的表达推理为主，其在教育上的应用进程缓慢。达特茅斯会议引发了首波人工智能研究热潮，在教育领域中衍生出基于行为主义理论的斯金纳教学机器和程序教学理论，但仍处于非"拟人"功能的自动化水平。20世纪60年代，麻省理工学院西蒙·派珀特教授创办人工智能实验室并发明了LOGO编程语言，倡导让计算机来学、让学生来教，帮助儿童形成算法意识。1970年，卡博内尔首次提出智能导师系统的设想，利用计算机模拟教学专家来指导学生学习。20世纪80年代，在专家系统、知识工程等人工智能二次技术研发热潮中兴起了基于认知学习理论的智能导师

系统。斯莱曼等提出了ITS，包括专家系统、学生模型和导师模型。20世纪80年代末，以陈德怀为代表的学者提出了利用人工智能技术模拟同学的智能学伴概念。然而，直至20世纪末，这些系统都无法有效突破自然语言处理难题且忽视了非智力因素对认知的影响，教育的智能化应用徘徊不前。

2010年前后，移动互联网普及和云计算、大数据技术的兴起，为深度学习提供了丰沛的数据训练样本和强大的算力支撑，在自然语言处理、图像识别、机器翻译等多个领域实现了重大突破。为此，*Science*连续两年将生成式人工智能（Generative Artificial Intelligence，GAI）列为年度十大突破性科技。与分析式人工智能相比，GAI具有大算力、大数据、强算法、强生成、跨模态等特征，带动教育场景向智能化跃迁：一是ITS正升级为教育智能体，其机器拟人功能从导师角色拓展到了学生、学伴等角色丛；二是大量智能平台和智能助手出现于教育全过程和多场景，智能教学实验如雨后春笋般涌现；三是人工智能极大增强了各种模态教育数据的计算处理能力；四是数据驱动的学习分析技术与数据密集型的循证研究范式倍受重视；五是全球各国纷纷开设人工智能专业或教育普及课程，并以技术人才反哺助推教育领域中的智能应用；六是如GPT、Sora、文心一言等通用大模型引擎百花齐放并应用到教育领域。但与人脑每天仅消耗20瓦特的智力产出相比，大模型在超大能耗成本上也面临着严峻挑战。

（二）三十年融入：从奋起直追到并发争先

回溯过往三十年，全球各国信息科技融入教育的进程呈现出从"美国一马当先"到"美中并发争先"的竞争格局。

20世纪90年代初，伴随个人电脑和互联网的普及，计算机辅助教育和网络教育曾蓬勃一时，各国纷纷将信息化纳入国家教育战略范畴。例如，美国于1993年发布《国家信息基础结构行动计划》并在全球率先建设了引领性的"信息高速公路"，同时把发展以计算机为中心的现代教育技术作为迎接信息社会挑战的重要措施。祝智庭教授曾在研究全球教育信息化发展态势时，将之概括为"美国一马当先，欧洲稳步前进，亚洲后来居上，中国奋起直追"。技术进化加速度之快让人始料未及。2010年后，人工智能迅速占据全球科技创新和未来竞争的战略制高点，世界主要国家的教育现代化亦迈入数字转型、智能升级的新阶段，呈现出"中美并发争先，亚洲部分国家表现亮眼，世界主要各国呈雁阵"的态势。

一方面，美中两国都极其重视并凭借人工智能整体研发优势，在智能教育的时间响应度和体量规模上"并发争先，一超一强"。斯坦福AI指数报告、中国科学技术信息研究所等多家国内外权威机构发布的以国家为单位的全球人工智能创新指数榜单中，2020—2022年均连续评出"美国第一、中国第二"。在全球人工智能论文和专利数方面，中国高居首位，美国论文发布数排第三但被引次数却居全球第一，且远超全球平均引用水平，并在基础理论和关键技术的原创性方面稳居领先地位。2016年，美国政府发布了《为人工智能的未来做好准备》《国家人工智能研发战略规划》两项国家级战略确保其全球领先地位，提及"人工智能技术的进步为教育领域的发展带来了新机遇"。同年及2024年发布的两版《美国国家教育技术计划》都明确了在教育中重塑智能技术角色的战略导向。中国政府也高度重视和谋求抢抓人工智能新机遇，于2017年印发《新一代人工智能发展规划》，明确提出"发展便捷高效的智能教育服务"；2018年启动《教育信息化2.0行动计划》并强调将智能技术融入教育全过程。另一方面，亚洲部分国家和西方主要各国及国际组织也竞相发力。例如，新加坡2014年启动"智慧国家2025"计划，致力于运用科技改变教育等五大领域，加速建成"智慧国"；欧盟于2020年发布《数字化教育行动计划（2021—2027）》，提出要帮助教育工作者理解在教育培训中人工智能和数据的应用潜力，识别和减轻人工智能与数据可能带来的风险；英国于2021年发布《国家人工智能战略》，启动了新的国家人工智能研究与创新计划，明确要持续干预人才选拔和AI课程设置。

二、融入特征如何："跳出教育看教育"的洞察

目前，人工智能不只是"影响"了教育，更是"颠覆"着传统的知识观、

人才观、育人观等。在如此巨变中，谁才是真正能起到颠覆性作用的决定性因果根源？唯有在底层逻辑和认识高度上"跳出教育看教育、立足全局看教育、着眼长远看教育"，才能辨识出隐匿于这一巨变下的生发伟力。

（一）人技关系演变：主客体属性趋同的质性变化

"人技关系"是一种复杂的社会技术系统，涉及人类和技术、环境间的相互作用。它不仅包括人类和技术的物理接触和数理规律，还内含了思维、情感、意愿等社会性互动。人工智能融入教育的核心不仅在于它赋能了人，更在于它逐步获得人类增强赋权并逐渐颠覆传统教育生态中的主客体关系。机器换人，才是教育者对人工智能融入教育不确定性的最大隐忧。

对于"人技关系"，早期媒介教育理论往往秉持了功能延伸论的"人媒关系说"，重在考察媒介技术对人赋能的拓展关系，并出现了媒介加持下师生能力"更快、更高、更远"类似的隐喻表述。技术哲学的创始人之一恩斯特·卡普认为，"技术是人体器官的映射"；传播学大儒麦克卢汉提出，"媒介是人体的延伸"。近期的计算机辅助教育则将"人技关系"导向聚焦于"人机关系"研究。例如，乔纳森教授指出，计算机与学习者的关系包括"从计算机中学（如计算机辅助教学）、学习计算机（如信息素养）、用计算机学习（如认知工具）"。20世纪末以来，个人电脑及互联网逐渐普及，信息化教育理论研究关注了"人机关系"的数量映射变化。如祝智庭教授曾指出：早年大型机昂贵，采用多用户分时办法来共用同台机器，形成人机"多对一"关系；个人电脑普及后，单人独用机器，形成人机"一对一"关系；网络出现后，多人同时操作联网的多计算机资源，形成人机"多对多"关系；移动终端的普及和泛在计算技术出现后，则出现人机"一对多"关系。

当人工智能性能持续跃升并深度融入教育后，不可避免引发了"人机关系"中教育主客体属性关系的质性变化以及"机器代人"反客为主的深层次考量。人类在历次工业革命中都致力于升级机器的自动化水平，但以往基本都是机器对人类体力（行动力）的赋能替代，而人工智能则是既对人类脑力

（意识力）赋能，又持续获得了人类对智能机器（智能体）"自主智能性"的强化赋权，这种现象在近年表现尤甚。例如，在生成式人工智能方面，GPT、Sora等大模型在多项人类测试中均持续刷新表现纪录；在具身智能方面，谷歌DeepMind等团队开始将多模态大语言模型和机器人数据协同训练可自主感知和执行决策的人形机器人；在类脑计算方面，欧美国家证明了人工智能系统发展出了类人脑特征并研发出可无创读取脑电波和将大脑活动可视化、文字化表达的新技术。从科技哲学视角看，人工智能由弱至强到超、由分析式到生成式、由模拟仿真到意识属性涌现，是从硅基生命的机械逻辑到仿碳基生命思维方式的根本性变化。

人工智能正在消解传统教育中"人机关系"的主客体（师生—机器）二元化结构，创生演变出师生与智能体"人机交互→人机协同→人机共生"新型主客体属性质性趋同的特征。"人机交互"是人类与机器（初级智能体或分析式人工智能）间的常见关系。智能体虽然在运算智能上"能存会算"，但其客体属性明确，尚不具备主体的自主意识。"人机协同"则意味着人工智能不再是为人所用的辅助性工具，它在感知智能上"能听会说、能写会画"，且联动了人类的思维实践方式，能够承担大量基础性、机械性的教育活动。人工智能持续增强获取了自身"主体性"的赋权，尤其是生成式人工智能展现出认知上的"能学会思、能生会创"，以及判别问题、分析情感、对话创作等类人特征。"人工智能系统具备感情和人类层面的意识，已经不再是科幻小说的范畴。"在此背景下，人类和人工智能开始在"主体性"问题上交织缠绕。例如，师生和智能体可以在动态中达成共识以完成教育任务，通过辩论、学习和迭代来尝试找到最佳答案，人机协同将会生成之前无法意识到的可能性选择。师生的主体独立性既在技术层面上受到冲击，又在心理、社会和伦理层面面临新的考验。

2024年初，人类完成首例脑机接口芯片植入物实验，预示着人机正在突破"使用关系"框架，迈向高度嵌入重构的"孪生关系"，"人机共生"的主客体趋同正在成为现实：人工智能成为人类的脑力延伸，人类也将是人工智能智性学习的反向延伸。一方面，在持续训练学习人类的感知与能力数据后，人工智能将人类的价值观内化到机器模型中，进而形成受到赋权的"类人"新样态；另一方面，人类也在算法赋能智能设备的加持下走向意识的"芯片化"。人类与人工智能在认知、价值与行动维度上成为趋同融合的共生体。人工智能持续"类人化"升级、人类不断"算法化"嬗变，在机器"人化"的同时，人亦"机器化"。对此，教育研究者需要保持足够的敏感性。

（二）黑箱嵌入属性：置于智能社会框架下的考察

智能社会是继农业社会、工业社会以及信息社会后的社会新形态。这既是人类社会演进的必然历史规律，也是以智能革命为关键驱动力的下一次社会变迁。人类社会正朝着万物智能互联的方向迈进，科技和教育并存于这一纷繁复杂的生态之中。唯有置于智能社会框架下对人工智能的教育价值属性作深入考察，才能理解好人工智能融入教育的丰富意蕴。

马克斯·韦伯在分析技术社会的时代特征时，把人类"理性"分为工具理性和价值理性。作为复杂社会系统中的教育，从不单纯根据技术需要而变革。在先导性、基础性、全局性作用的引领下，教育在大变局中面临着新的价值转型。然而，人工智能融入万物时自嵌了"黑箱"基因，其系统内部运行方式常不为人所见。人类可以输入数据并得到系统输出的结果，但却无法检查系统产生结果的逻辑。控制论创始人诺伯特·维纳认为黑箱是"放弃对于复杂系统运行原理的探究，转而使用建模方式来模拟人脑的输入与输出"，他所构想的自动化类人机器并不需要我们理解人脑的组成。换言之，从工具理性视角，人脑与机器若输入输出相同，则"人脑"与"机芯"的内部机制对用户而言无本质区别。哲学家海德格尔认为，只有超越工具的价值理性才能将人从"遮蔽"走向"解蔽"状态，迷信数量分析的"算术狂"终将"吞咽了计算的本质"，丧失了设想整体性和根本性的能力。马克思主义理论认为，人的本质是一切社会关系的总和，教育目标的价值取向是要发现人和解放人，培养具有主体意识和本体地位的全面发展的人。因此，应对人工智能融入教育过程中"人类算法

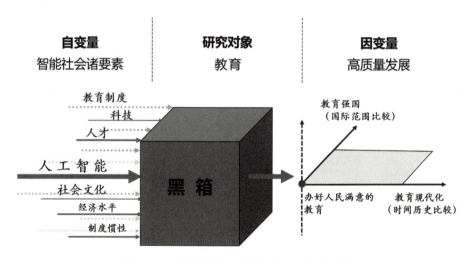

化"的黑箱现象，要高度重视智能社会中教育实验的可解释性和可干预性，以塑造科技向善和增进人类福祉的价值理性。

将"教育"置身于智能社会大框架下考量，其系统性变革包括了不止于人工智能技术的复杂动态变量群（见图1-1-1）。这一变量群的核心自变量为新一代人工智能的关键技术，自变量则包括了智能社会系统中的教育、科技、人才、社会文化、经济水平、制度惯性等诸多要素，因变量则为教育能否得到高质量发展。更进一步来说，将智能社会框架下的教育变革置于两个大变局的全球时空坐标系中，在国际比较的横向范围，其所追求的高质量指向是助推建设教育强国；在时代发展的纵向范围，其所追求的高质量指向是助力实现中国式教育现代化；在社会时空交汇的当下坐标点，其所追求的高质量指向则是"办好智能时代人民满意的教育"。

图 1-1-1　人工智能融入并影响教育的黑箱现象

（三）双刃剑效应：技术强力赋能下的价值隐忧

人工智能影响教育，是颠覆式、多尺度、两面性和日久为功的。人工智能介入知识生产环节改变了人类的知识观，Sora、文心一言让人类不禁疑惑"眼见未必为实"，"一图胜千言"常识之外又有了"一文生千图"；人工智能影响"培养什么样的人"的人才观，即博闻强识的知识容器、重复机械劳动的执行者将被具备创造力和高阶技能的新质人才所取代。Sora"物理世界模拟器"的数字具身认知，类GPT工具的人机协同智能问答能力，基于智能助手的个性化精准教学，以及应对智能化疾风式挑战"苟日新，日日新，又日新"的跨学科终身学习理念，也影响了教育体系中"怎样培养人"的育人观。

从正面影响来看，人工智能宏观上从外部驱动教育变革、从内部推动教育重塑。一是人工智能通过促进社会经济智能化，引领人力资本和劳动力市场的革新，深刻影响着未来产业生态和人类生产方式。社会需要教育系统为其提供能适应的创新人才，倒逼教育领域的人才培养目标升级，从外部驱动教育形态变革。二是人工智能直接融入教育场域，为教育系统提供创生动力，推动教育场域各要素的结构重组和全方位的流程再造，生成灵活、弹性、智能和可持续的教育生态。人工智能赋能教育环境从信息化升级为数智化，教学内容从静态学科知识转向为动态综合任务，学习方式从师生互动延展为人机协同，育人理念从以知识为主转向强调"素养为重、价值为先"。在中观上，人工智能为助推教育高质量发展注入了新动能。新一代人工智能技术能够发挥连通教育优质内容资源、倍增教育服务供给规模、加速师生能力升级发展、促进智能精准高效助学、颠覆传统教育服务形态等作用，为教育系统中普遍存在的优质资源供给不足、个性化服务质量不高、教育评价欠精准、教育治理粗放化等问题提供了解决方案，推动形成高质量智能化教育体系。在微观上，人工智能创新了智能教学场景中的应用模式与方法。一是支持教学流程再造，依托智能技术收集、分析学习数据和学习建模，有助于精准把握学情、智能化调整教学流程；二是智能服务变革知识供给方式，依托知识图谱、知识追踪等技术为学习者提供资源精准化推荐与个性化学习路径规划；三是数据驱动优化教学及测评模式，通过对学习全程伴随式、无感知的多模态数据获取，支撑动态精准个性的学习和评价。

从负面影响来看，首先是数据泄露引发教育隐私安全担忧，算法被滥用招致教育中人的异化风险。一方面，人工智能抓取的海量教育数据中不乏师生敏感隐私信息，在采集、分析、存储过程中的被泄露、滥用风险巨大。另一方面，数据驱动的智能算法是人工智能技术的"核心"。教育算法的简约化表征容易背离教育规律的复杂性，抹杀教育的整体性和人本性，出现由社会性别、种族、区域等导致的算法偏见。其次是技术滥用增加了教育主体能力弱化、情感交流缺失的风险危机。一方面，技术滥用会导致学习者过于依赖智能技术的"授人以鱼"，造成思维惰化、能力弱化、信息碎片化、认知浅层化等问题；过度依赖人工智能手段还可能会使教师在实践中思考的主观能动性被逐渐削弱，增加附庸化、依赖化、同质化风险。另一方面，人工智能的"机器化"训练大概率可能招致情感伦理风险，制约学习者情感意识、关系和责任等社会情感能力的深度培育。最后是人工智能的标签化评价背离了教育价值，智能技术资源分配不当将扩大教育鸿沟。虽然智能技术能够提升教育评价的精准度，但有限数据的收集测量有将测评片面化的嫌疑，人被量化、标签化的现状普遍存在；由于过度关注学生"数据式"优绩主义的成长，极易陷入功利主义桎梏，背离教育以人为本的内核要求。智能技术的配置不均还可能强化马太效应，助长而非削弱教育欠公平现状，出现新型的"人工智能鸿沟"现象。

三、政府有为介入：人工智能与教育同发展的关联分析

（一）全球强国"人工智能强"与"教育强"的关联性

目前全球各国教育尚处于数字转型阶段，包括美国在内，尚没有哪个国家能够全面实现全民普适优质意义上的智能教育体系。出于数据采集权威性及可及性等综合原因，在以往测算比较国别教育（信息化）综合水平时往往都停留在采用"生机配比、联网率"等硬性可测的底线指标，更未能对智能化测算指标达成超前一致的共识。就此，本书基于关键权威数据来源化繁为简，将全球人工智能发展指数（简称"AI指数"）与教育强国指数作关联性分析（见图1-1-2），来考察比较主要国家人工智能发展与教育发展的关联性。

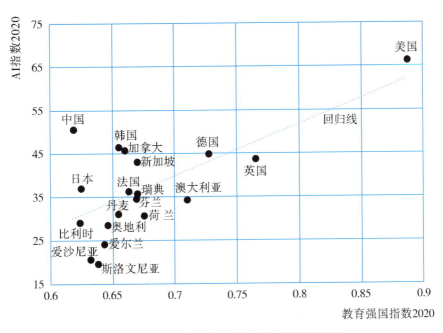

图 1-1-2 AI 指数与教育强国指数的关联性分析

世界各国2020年的AI指数数据来源于中国科学技术信息研究所，教育强国指数数据则来源于中国教育科学研究院教育统计分析研究所。本书初步选取中国及教育强国指数高于中国（排名23）的国家，但由于实际缺乏俄罗斯、瑞士、挪威、白俄罗斯的AI指数排名数据，最终纳入分析的国家为19个：美国、加拿大、英国、德国、澳大利亚、法国、瑞典、芬兰、荷兰、丹麦、奥地利、爱尔兰、比利时、爱沙尼亚、斯洛文尼亚、中国、韩国、日本、新加坡。将2020年度两类指数进行关联分析可发现，全球主要国家的人工智能和教育显现出发展的整体协调性与差异性特点：①整体协调性体现在教育强国指数与AI指数的中等相关，斯皮尔曼相关系数为0.38（$p=0.002$），教育强国指数的全球前23名国家中有19个国家同时也位居AI指数全球国家排名的前19名，表明"人工智能强"和"教育强"的两者协调性。以美国、德国、法国、瑞典、比利时为代表，这些国家基本位于回归线上，反映出人工智能发展与教育发展的紧密协同依存关系。②差异性体现为发展势态的多元化：美国作为教育强国与科技强国，其人工智能发展与教育建设双向强赋能，"领头雁"优势明显；以中国为代表的部分东亚（中国、韩国、日本）和东南亚国家（新加坡）整体呈现出"科技创新能力超车，教育整体实力待提振"的特点，主要分布在回归线上方；西方主要各国教育和人工智能的同步一体化发展态势良好，围绕回归线集中分布，且与东亚及东南亚各国共同呈现出集密型的"雁阵结构"。

（二）各国政府有为推动教育的智能化进程

美国教育智能化呈现出三大特征。一是将人工智能技术进步视为教育变革的新机遇，如《为人工智能的未来做好准备》把教育视为重要应用场景，打造人工智能增强型教育。2020年起，美国国家自然科学基金会围绕六大主题资助成立25个国家级人工智能研究所。二是将人工智能纳入国民教育体系，大力推行人工智能教育。2018年，成立AI4K-12工作组，启动基础教育学段人工智能教育行动；2023年版战略计划则提及要制定贯穿各学段的人工智能教材、开展从业者培育与再培训，为全民成功融入智能时代做好准备；三是深度融合政、产、研和加大资本投入，强化人工智能跨学科拔尖人才培养。2016年，美国成立国家科学技术委员会并组建人工智能特别委员会、研发工作组等，汇集联邦机构、高校、企业等顶尖力量以推动跨部门、跨领域的人工智能人才合作。

中国坚定迅疾地推动人工智能发展，与美国形成全球"一超一强"格局，其教育强国指数全球排名从2015年第44名跃升至2020年第23名，在推动人工智能赋能教育发展上呈现鲜明特征：一是发挥新型举国体制，总体部署发展人工智能与智能教育。2017年，国务院印发《新一代人工智能发展规划》，提出要"利用智能技术加快推动人才培养模式、教学方法改革，构建包含智能学习、交互式学习的新型教育体系"；2022年，启动国家教育数字化战略行动，"加快推进教育数字转型和智能升级"；上线国家智慧教育公共服务平台，建成世界第一大教育数字化资源中心和服务平台，并正从3C（联结为先、内容为本、合作为要，Connection、Content、Cooperation）迈向3I（集成化、智能化、国际化，Integrated、Intelligent、International），为智能教育落地提供国家级平台保障。二是打造智能教育应用场景。《新一代人工智能发展规划》将智能教育列为重要发展场景，其新型教育体系、智能校园建设、基于大数据的在线学习教育平台、教育环境建设等成为重要方向。2022年，科技部等六部门印发《关于加快场景创新以人工智能高水平应用促进经济高质量发展的指导意见》，并将教育作为智能场景创新的六大行业之一。三是建设国家级智慧教育示范区、人工智能助推教师队伍建设试点区校、中小学人工智能教育基地等，以研究、试点、推广、普及来以面扩片、有序推动整体覆盖。如2019年遴选全国智慧教育示范区，加强师生素养、新型教学模式、学生综合素质评价、个性化教学支持服务环境、区域教育资源供给服务能力、现代教育治理能力六方面的建设。

东亚及东南亚多个国家在聚焦人工智能科技创新的同时，也呈现出助力教育智能化发展的共同特征。一是建设人工智能全民教育体系及跨学科综合型人才培养。如韩国在2019年提出建立全民化人工智能教育体系。二是建设体系化和多元化的人工智能课程。如2017年，新加坡启动《新加坡人工智能》项目，计划针对小学生、中学生、全体公民、从业者等群体分类设计在线课程，为培养多层次、阶梯化的人工智能人才夯实教育基础。三是创设政、产、学、研良性互动局面。如2021年，日本发布《数学科学、数据科学、人工智能高等教育认证计划》，推动产教研融合。

其他西方主要强国从国家层面推进人工智能专业建设，大力吸引和培养教学研究人才。一是重视高等教育人工智能专业建设，打造高水平的人工智能研究中心。如2018年，法国鼓励高校新设人工智能专业，建立人工智能跨学科研究中心；2019年，比利时提出要在高等教育领域引入跨学科的数据、技术和人工智能课程。二是推进人工智能教师队伍建设，加大研究人员培养力度。如2021年，德国鼓励高校教师与研究者应用人工智能来提高人才培养质量。

四、为高质量发展注入新动能：中国教育的智能化路向

习近平指出，"从教育大国到教育强国是一个系统性跃迁的质变……教育数字化是我国开辟教育发展新赛道和塑造教育发展新优势的重要突破口"。人

工智能赋能教育，是教育数字化的应有之义。结合党中央"到2035年，总体实现教育现代化，迈入教育强国行列，并为建成社会主义现代化强国奠定坚实基础"的重要决策部署，本书结合前述，针对中国教育的智能化路向提出建议。

（一）解决新时代中国教育的主要矛盾和独有问题

我国虽然建成了世界上规模最大的教育体系，教育现代化发展总体水平跨入了世界中上国家行列，但"大而不强"的问题仍然突出，"人口规模巨大、学龄人口动态变化、区域人口增减分化"的人口复杂特征较为凸显。特别是随着社会竞争机制渗透至教育系统，加剧了对资源的非理性竞争，教育目的功利化和应试教育内卷的顽瘴痼疾客观存在。如何调和教育体量庞大与其高质量内涵式发展要求的结构性矛盾，扭转教育功利化倾向，成为人工智能有效融入中国教育的当然使命。

教育要坚持以人民为中心，抢抓人工智能的重大历史机遇，提升人民群众的教育获得感和幸福感。一是坚持立德树人根本任务，以人工智能创新教育评价体系。构建共享交互、泛在全息、数据循证于一体的智慧评价体系，精准识材、因材施教、适材评教，实现服务学生全面发展的全过程、全时空、全要素评价，着力缓解教育焦虑，重塑教育良序。二是充分释放数智技术的强赋能作用，以全程公平观解决优质教育资源供给不平衡、不充分的问题。利用人工智能技术，在教育起点上从配齐资源迈向精准配好资源，在教育过程上从有效教学迈向数据驱动的高效教学，在教育结果上实现从个性化教育迈向超大规模的个性化教育。三是科学研判受教育人口的动态复杂变化特征，适应基础教育、职业教育、高等教育、终身教育高质量发展的内涵差异性，探索以人工智能作为杠杆性力量助力我国建成教育发展水平高、社会发展教育贡献度大、人民教育满意度好、世界教育影响力大的教育强国。

（二）构建本土式基础性理论和研发教育专属大模型

如何结合中国教育的独有特点来构建本土式基础性理论，在逻辑上阐释好人工智能之所以能助力中国教育高质量发展的因果逻辑，是深入推动实践变革和技术应用研究的基石。首先是在时代性上，数据驱动的知识生产模式冲击了传统知识观念，开拓了除生产生活实践和科学实验之外的第三条人类获取知识、认识世界的新途径，对未来人才的核心素养提出了新要求。这倒逼理论界对智能时代"培养什么人"和"怎样培养人"的问题持续深化和再建构。其次是在本土化上，为契合国之大者的教育国情及教育主要矛盾变化的结构性特征，极有必要在中国语境下把握人工智能技术与教育生态融合的理论内涵、价值意蕴和互动关系，探析如何切实发挥好新一代人工智能的新动能，为中国式教育现代化建设提供理论支撑。

同时，基于欧美语料库的大模型存在着西方文化价值观的投射效应，极易对弱势群体产生偏见进、偏见出的"数字殖民"现象。为契合中国教育独特的价值偏向性、场景化特点、育人规律和专家知识，提前布局和研发垂直领域的教育专属大模型，加快建设基于国产人工智能底座、融入中华优秀传统文化基因和契合教育教学规律的专属大模型，是我国教育发展的必然选择。由于教育自身携带有文化传承的功能，且各国教育都独具自己的精神标识和文化根基，这就要求教育专属大模型加强通用算法的教育场景化规训、训练数据集的文化滋养以及教育语境的文化可解释性，并在自主可控的算力平台上迭代进化，为中国教育的独特性和世界教育的多样性提供保障。

（三）加速培养"人工智能 +"跨学科融合的新质人才

教育应顺应时代要求，为国之所需培养人才。新质生产力代表先进生产力的演进方向，是由技术革命性突破、生产要素创新性配置、产业深度转型升级而催生的先进生产力质态。加速培养新质人才是满足发展新质生产力、实现中国式现代化对人才需求的破题之举。新质人才是能够体现数智时代富有技术特质的创新恒常型人才，理应能够运用人工智能等新技术创生新知，自主研发高新科技和生产高品质生产资料，推进新质生产力发展。

建设教育强国，龙头是高等教育。作为高新人才的"集聚地"和重大科技突破的"策源地"，高校要积极探索"人工智能+"新质人才培养。一是以"人工智能+"跨学科融合为生长点优化学科专业设置。通过组建跨学科交叉团队和设置"人工智能+X"专业，培养适应数智新产业、新业态"高精尖缺"需求的新质人才。二是培育新质人才运用人工智能创新、创造和创业的高阶能力。借助人工智能的强杠杆效应，有助于撬动优秀人才的素养提升。例如，基于人工智能海量大数据与专家经验模型，探索拔尖创新人才与人工智能的共创性学习与知识创造；借助大模型优势，构建生成式人工智能语境下"苏格拉底式"的人机学习新范式。

（四）发掘教育数据要素优势，开辟规模化应用场景

在全球数字转型的整体进程中，继实验、理论、模拟后，"使数据发声"的数据科学研究范式引人瞩目，数据洪流汹涌而至并涅槃为不可或缺的第五大生产要素。ChatGPT、讯飞星火等大模型刻画了"大数据+大算力+大算法=智能模型"的逻辑，深刻说明了人工智能的实力跃升是依托原始优质训练数据激增，"量变引起质量"的结果。中国1890余万名教师和2.91亿在校生以及全民终身学习所产生的教育数据，具有规模大、模态多、周期全、覆盖广等特点，但仍处于使用价值待唤醒的"沉睡"状态。

要发挥数据要素在教育领域中的倍增效应，通过海量数据揭示教育要素间潜在的相关性，解释教育现象，探寻教育规律，解决教育难题。一是突破优质教育数据要素的供给短板，强化教育数字新基建建设，从教、学、管、评、研等场景中筛选和集成高质量的大数据训练集，充分释放数据的供给活力。二是以场景需求为牵引，构建教育大模型、师生画像、知识图谱等，将蕴含于数据要素中的隐性价值流转为显性知识。三是在以人为本理念下用好数据科学研究范式，将教育数据的精准可测与人文价值的深度解读相结合，预防人工智能黑箱的算法偏见，深刻理解教育规律的科学性、复杂性和境脉性，推动教育实践智能化、精细化和人本化。

（五）以价值理性引领负责任的人工智能教育应用

人工智能既为教育带来普惠性红利，也伴随着教育主体属性弱化、学术道德失信、技术伦理冲突、数据隐私泄露等风险。人工智能与教育深度相融，就难免发生教育主体、教育技术和教育实践的博弈，工具理性与价值理性在碰撞中往往出现张力失衡。在教育领域中，新技术带来的便利性是必要的，但便利性并非教育的核心价值。教育从来都不是单纯根据技术的需求来变革，给学生创造美好的学习与发展体验才是其核心价值所在。因此，基于以学习者为本，以追求"真善美"至高境界与坚守伦理道德底线的价值理性来引领人工智能教育应用，兼具数据与人文、融合智性和德行，应成为人工智能深度融入教育领域的定向器和压舱石。一是重塑增强智能化场景下人的主体属性、形成高意识教育活动，摆脱人工智能可能裹挟师生陷入"数据投喂""优绩主义""信息茧房""深伪欺诈"所幻化的内卷式发展和虚假式自由。二是以促进人的全面发展作为人工智能教育应用的时代进路。要警惕"以术的正确，加剧道的失败"，防止出现全民精准刷题的负面剧场效应。三是以中华优秀传统文化为根基和灵魂，在教育中塑造好融合时代价值观的智能化文化符号系统，指引教育超越算法陷阱、回归本真意蕴。

（六）以教师智能教育素养升级助力培育时代新人

教师是教育的第一资源，教师队伍建设是建设教育强国最重要的基础性工作。要教会学生驾驭人工智能，超越知识学习和技能训练的窠臼，增强信息偶遇性和学会人机和谐共处，必须提升教师智能教育素养。"智能"凸显的是人工智能文化内蕴的工具理性，是对教师原有信息技术能力、数据能力的迭代更新；"教育"则强调人文属性，突出教师作为"人师"在教育教学、立德树人、价值引领等方面不可被技术替代的发展特性；"素养"既涵盖了知识和能力，呈现出动态性和生成性特征，又同时代表着人的思维方式，具有批判性、创造性运用知识和解决真实问题等实践特征。教师要升级智能教育素养，基于知识、能力、思维及文化价值来践行和确保解决教育问题时的"人在回路"，

做智能教育大潮中时代风向的观察者、疑则有进的问题深思者、充电蓄能的知识学习者、知行合一的智慧践行者。

（七）以中国话语积极参建全球智能教育治理体系

目前，全球尚未形成权威公认的人工智能风险监管治理准则。与发达国家相比，我国科技曾长期处于"跟跑"状态并在治理话语体系上受到制约。在人工智能融入教育"并发争先"的背景下，能否在全球智能教育治理体系中树立好中国话语，关乎教育强国建设的制度自信和国际影响力。

教育要坚持胸怀天下，以"构建人类命运共同体"为价值制高点，打造和传递中国智能教育治理体系与范式。一是健全良序运行的智能教育治理体系和标准规范，维护具有发展韧性的健康教育秩序，走向智能善治。二是建基于中华优秀传统文化的悠久历史，在智能教育治理体系中凸显中国元素。三是积极参建全球智能教育治理体系，全方位提升智能教育治理的贡献度与话语权，在两个大变局中贡献好中国方案和中国智慧。

历史总是要前进的。唯有牵住人工智能这只"领头羊"，坚持从政治上看教育、从民生上抓教育、从规律上办教育，聚焦教育强国建设和中国式教育现代化发展来思考谋划人工智能与教育深度相融的关系与格局，才能在重塑全球竞争力的变局中赢得未来。

1-2

人工智能赋能教育高质量发展

习近平指出："人工智能是引领新一轮科技革命和产业变革的重要驱动力。"当前，人工智能技术不仅正在加速第四次工业革命产业结构重组与经济社会转型，而且在促进人才培养和教育变革方面也发挥着巨大作用。纵观时代潮流，人工智能发展空前活跃，以ChatGPT、Sora为代表的生成式人工智能的迭代发展和广泛应用亟须推动产业升级智能型专业人才的支持。在人工智能与教育双向赋能的背景下，如何利用人工智能促进新时期教育高质量发展，成为亟待研究的重要课题。

一、智能化创变：人工智能与教育双向赋能

伴随着人工智能、大数据、区块链等新技术的飞速发展，社会转型更加强调培养人才的核心素养与关键能力，而传统教育体系已经无法满足新型人才培养需求，这就迫切需要人工智能为人才培养"去标准化"进程赋予重要新动能。国际社会对提高教育普及与质量、预测与培养未来社会必备技能、应对重大公共危机事件、促进教育公平等方面日益重视，并纷纷提出相关建议。例如，我国于2017年印发的《新一代人工智能发展规划》指出，要"利用智能技术加快推动人才培养模式、教学方法改革，构建包含智能学习、交互式学习的新型教育体系"；于2018年印发的《高等学校人工智能创新行动计划》将建设"引领新一代人工智能发展的人才高地"作为主要目标之一，通过完善人工智能领域人才培养体系等提高人才培养质量和国家自主创新能力，推动人工智能的创新发展与广泛应用。2019年，联合国教科文组织在首届国际人工智能与教

育大会上发布了《北京共识：人工智能与教育》，提到高等教育和研究机构要开发或加强人工智能相关课程及其研究，建立能够支持人工智能系统设计、编程和开发的大型人工智能专业人才库，形成了国际社会对人工智能高端人才培养的共同期愿。2021年，联合国教科文组织出版《人工智能与教育：政策制定者指南》，力求帮助各国领导者和政策制定者更好地了解人工智能给教育教学带来的可能性与影响，以期提供包容、公平的优质教育和全民终身学习的机会。2023年，联合国教科文组织发布全球首份生成式AI相关的指南性文件——《生成式人工智能教育与研究应用指南》，旨在促使生成式人工智能能够更好地融入教育。2024年，我国印发《关于加强中小学人工智能教育的通知》，要求"以人工智能引领构建以人为本的创新教育生态"。在此背景下，我国政府部门从教育体系构建、教育评价改革、教师队伍建设等多方面采取政策措施，为稳步推动人工智能赋能、创新和重塑教育，提高教育发展质量提供了有力保障。本书梳理了国内相关政策文件（见图1-2-1），文件体现了人工智能与教育在同向发展中不断融合、相互赋能的时代特征。

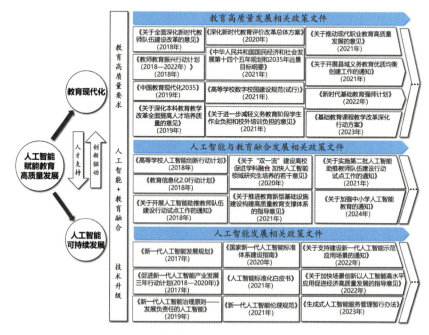

图 1-2-1　人工智能进化与教育高质量发展同向而行

二、新时期中国教育高质量发展的需求

2020年，我国在《中共中央关于制定国民经济和社会发展第十四个五年规划和二〇三五年远景目标的建议》中提出要建设高质量教育体系，明确了新时期教育改革发展的总体方向。教育公平需求的升级、产业革命的创新驱动和新时代教育主要矛盾的转化使得教育供给优化、人才培养质量提升、新技术支持成为需要。

（一）教育公平需求升级，倒逼教育供给方式和内涵提升

"公平而有质量"是新时代我国教育的新使命，教育公平正在由起点公平迈向过程公平、结果公平。其中，教育起点公平是指基础设施配备与投入、优质师资与社会资源方面的机会公平；教育过程公平是指教学方法模式、教学内容自适应方面的公平；教育结果公平是指以实现规模化的个性化教育为目的的公平。在各级各类教育中，教育公平的需求不同，会导致教育服务供给呈现不同的形态：①以"优质均衡"为旨向发展基础教育，构建优质均衡的基本公共教育服务体系，推进基本公共教育的均等化；②高等教育高质量发展需要关注多样、创新、开放、集群与智能发展，构建开放、多元的高等教育体系；③通过强化职业教育，构建支撑技能社会建设的职业技术教育体系，推进产教融合、校企合作；④通过多渠道扩大终身教育资源，完善服务全民终身学习的教育体系。

（二）产业革命的创新驱动，迫切需要提高人才培养质量

人才是第一资源，是衡量一个国家综合国力的重要指标。在第四次产业革命来临之际，人类生产生活方式发生急剧变化，如何培养适应智慧社会的创新型人才成为我国教育发展迫切需要关注的问题。2016年，教育部发布《中国学生发展核心素养》，将批判质疑、勤于反思、问题解决等分别作为评价学生科学精神、学会学习、实践创新的基本要点，凸显出批判性思维、创造性思维等对学生发展的重要性。同时，学科核心素养充分结合学科自身特点，为课程教

学目标的明确提供了直接依据。例如，高中信息技术学科核心素养中的数字化学习与创新素养能力，是学生在新时代适应数字化、智能化学习的必备要素；而学生充分利用数字化学习资源和工具解决问题、学会自主学习和创新创造，正与学生发展核心素养中学会学习、实践创新等要点直接对应。与此同时，人工智能技术正在深入学校教育，既是教育应用新工具，也是课程教学新内容。2020年，教育部发布新修订的《普通高中信息技术课程标准（2017年版2020年修订）》，在选择性必修模块中增加并修订了人工智能基础知识内容，学生通过人工智能课程启蒙，利用编程和计算思维解决实际问题，发展学科核心素养，提高问题解决、高阶思维等能力，成为促进数字化生存、适应未来智能社会发展的重要方式。

（三）破解新时代教育主要矛盾，急需信息技术助力

新时代我国教育的主要矛盾已经发生结构性变革，转变为人民对更美好、更优质教育的向往与不平衡、不充分教育发展之间的矛盾。在新时期解决好教育的主要矛盾，关键在于教育的高质量发展。而技术赋能通过颠覆传统教育服务结构、改变教育服务要素关系、影响教育服务数量级、创新教育教学服务体验，为破解教育的主要矛盾提供助力。其中，互联网技术对改变教育服务供给、促进师资智力流转和教学资源共享，能起到"教育优质内容资源的共享连通器""教育服务规模的杠杆倍增器"等作用；人工智能对实现超大规模的个性化教育服务，能发挥"师生能力发展加速器""智能精准助学放大镜"的加持功能；而以虚拟现实（Virtual Reality，VR）、增强现实（Augmented Reality，AR）、混合现实（Merged Reality，MR）为代表的扩展现实（Extended Reality，XR）技术，在不同教育教学场景中以多种方式组合、融汇虚拟世界和现实世界，能起到提升学习体验的作用，为复杂问题的解决提供了更多可能。

三、人工智能赋能教育高质量发展的愿景

当前，人工智能正成为推动教育高质量发展步入"快车道"的有效支撑手段。例如，2019年发布的《中国教育现代化2035》指出，以人才培养为核心，通过提升校园智能化水平、探索新型教学形式、创新教育服务业态、推进教育治理方式变革，智能驱动教育创新发展；2021年教育部等六部门发布《关于推进教育新型基础设施建设构建高质量教育支撑体系的指导意见》，提出要利用人工智能技术普及教学应用、拓展教师研训应用、增强教育系统监测能力等。新时代教育系统将从多个维度由信息化迈向智能化，加快人工智能与学生学习、教师发展、学校建设、家校共育、教育治理、教育评价、教育公平等融合，实现教育更高质量发展，如图1-2-2所示。

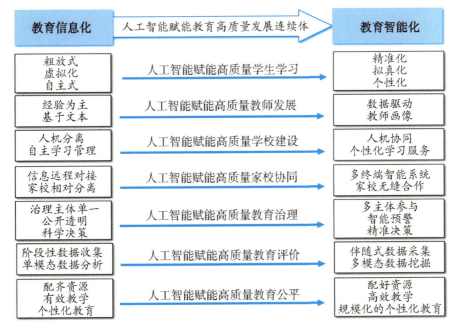

图1-2-2 人工智能影响教育高质量发展的状态变化

（一）高质量学生学习：精准拟真和多元个性的智慧学习

促进学习方式的转变和创新，成为人工智能赋能教育高质量发展的重要议

题。在人工智能技术的支持下，学生学习呈现出精准化、拟真化、个性化的发展趋势：①精准化主要体现为对学生学习情况的动态分析、过程可视化和实时预警。有学者提出，实时捕获和识别学习者的课堂行为数据（动作、语言等）、心理数据（情绪、人格等）、生理数据（血压、脑电波等）等多模态数据，可以更加全面、准确地反映学生的认知提升、高阶思维发展等情况，精准预测和干预学生的学习状态。②拟真化体现为教学情境的强交互性和高仿真性，智能技术、XR、数字孪生、元宇宙、5G网络等构建的课堂教学空间具有高传输速率、低时延等特点，增强学习积极性与投入度，学生学习将更为沉浸。有研究者在建筑、工程、建造等课程中采用VR、AR、数字孪生等技术，开发了沉浸式建筑模块，用以开展在线远程教学，激发了学生的学习动机，提高了学生的学习参与度。③个性化体现为学习服务的自适应支持，知识图谱、深度学习算法等可以实现教学资源与学习支持的自适应推送，更好地满足了学生的多元需求。

（二）高质量教师发展：数据驱动和画像技术支持的智能教研

顺应人工智能发展潮流与新时代教师专业发展的要求，教师教研势必要向以数据为基础、以画像技术作支撑的智能教研迈进：①基于数据，人工智能赋能教研"外显"的管理、评价等，提高教师的教研效率与质量。例如，智能机器人可以代替教师完成某些特定的教学任务，借助智能机器人开展辅导答疑、学习数据分析、效果预测等，对学生学习有较为积极的促进作用。②画像技术能够有效服务教师精准教研。有学者指出，教师画像对教师行为特征进行客观表征、准确发现、动态预测，既有助于教师自我诊断、评价教研绩效、反思教研过程，也有利于教育决策者对教研活动的循证管理和监控。同时，多模态数据的收集和教师教研特征指标的建立，为揭示教师智能教研机理与规律提供了更为全面、清晰的表现手段。

（三）高质量学校建设：人机协同和人本安全的未来学校

人工智能、大数据等新技术的兴起，使得当前学校的人才培养机制不能满足社会发展需求，"未来学校"呼之欲出。2020年，世界经济合作与发展组织发布《面向未来教育：未来学校教育的四种图景》，为2040年学校建设提供了学校拓展、学校外包、学校作为学习中心、泛在学习四种设想。通过人工智能赋能，未来学校将具备以下新特征：①人机协同成为学校发展的新形态。人工智能在学校教育中具有替代、增强、调整、重构的作用，并且可以替代师生等在学校的部分职能，增强学校教育媒介的传播效果，调整学校教育系统的结构格局，引发学校教学和管理模式的变革，重构学校教育生态。②学校强调实现以人为本的服务目标。人工智能赋能的未来学校将更加注重师生的个体差异与体验，以智慧"诊断"作为提供人本服务的依据，以"富媒体"化形式提供多样的服务资源与服务路径。③学校安全问题受到高度重视。有学者针对智能技术支持的智慧校园建设构建评价指标体系时，就将校园用户的安全性作为智能服务水平的评价要点之一，以保证学生的安全和健康成长。

（四）高质量家校协同：互联互通和协同共育的家校无缝合作

人工智能为解决传统家校合作中教育场景分离、信息不对等、合作沟通不够深入等问题提供了可能，同时合理的沟通形式对家校合作具有积极影响。因此，教师、家长、教育管理者等多元育人主体相联结，通过智能系统形成教育闭环，可以打通物理世界与网络虚拟世界的家庭、学校与社区，创新家校联动育人模式，形成育人合力，实现家校之间的互联互通和协同共育。对此，有学者提出，可利用智能家校平台实时收集、分析、报告学生学习数据，追踪家校协同共育过程，评价和总结家校协同共育效果，自适应推送学校发展政策、家校活动专题、家庭教育相关知识，降低家校沟通成本。另外，有研究者认为，面向学生、家长、教师、学校管理者等不同用户群体开发多个智能家校合作终端，可以拓展家校共育信息服务渠道，满足教育系统中不同群体的多样需求，达到家校默契配合与因材施教的效果。

（五）高质量教育治理：数据驱动和智能预警的教育管理

利用智能技术支撑教育治理能力的提升，是推动教育高质量发展，促进学校、政府、社会等多主体协同发力的重要措施。一方面，大数据、区块链等技术的使用实现了数据驱动科学决策的突破，教育管理手段由基于经验的模式转向以证据为基础，通过人工智能和数据技术形成人技协同、"校—企—政"协同参与的决策模式，以教育管理数据促进管理透明化，以明确计量、科学分析、精准定性提高教育决策的透明度、科学性和预见性。另一方面，人工智能具有强大的监测和预警功能，支持建立教育过程实时监测与智能预警系统。当教育教学中实时状况与预设条件不一致时，预警系统即可启动，帮助管理者和教师在第一时间发现问题，实施紧急预案，以此来降低因问题发现滞后而造成损失。

（六）高质量教育评价：精细化和多模态的伴随式数据采集

人工智能赋能教育评价正走向教育评价改革的主战场。在评价方法上，人工智能、大数据、脑科学等技术突破了传统纸笔测试的局限性，使学生知识测评和能力评估向过程性、动态性、高阶性、综合性转变，有助于推动结果评价、过程评价、增值评价、综合评价的实践探索，评价方式更加精细多元。有研究者在编程教学过程中借助学生眼动数据对编程能力进行实时诊断，通过分析学生在教学互动过程中编程能力的变化，系统评估了教师教学的有效性与学生的知识掌握情况。而在数据采集上，利用无痕式、伴随式的多模态数据采集技术，构建基于深度学习模型的多模态表示学习方法，可以充分发挥多模态数据优势，为学生心理特征和认知能力评估提供更为有效的观测方式。

（七）高质量教育公平：规模化的个性化教育服务供给

在教育高质量发展的背景下，教育公平正由起点公平迈向更加关注学生发展需求的过程公平和充分发挥个性潜能的结果公平。人工智能帮助改善学习效果，提升教育质量，促进教育公平，成为加速推动教育迈向更加公平、更高质量的核心动力。人们对教育的期待不再满足于"有学上"和配齐教育资源，而是更加关注"上好学"和配好教育资源。教育的高质量发展急需教学模式与教学方法的创新。有学者认为，人工智能赋能教育教学创新的关键在于教育数据的全过程采集与互动。因此，构建学生精准画像，为教学提供数据依据，将促使教学变得更加高效。同时，尊重学生个体差异成为教育结果公平追求的终极目标。人工智能通过精准帮扶和多样化优质供给，使大规模的个性化教育成为可能。例如，基于智能化教育服务平台提供远程送达式规模化学习资源和远程协同互助式精准教育服务，可使优质数字资源得到成千上万倍运用，真正实现规模化与个性化的统一。

四、人工智能赋能教育高质量发展的路径

智能时代对教育发展提出新要求、新考验，人工智能在促进新时代教育高质量发展、推动教育发展进程方面的潜能需要进一步发掘，做好顶层设计、教学改革、环境建设、素养提升、人才培养、资源建设、风险应对等工作，将为人工智能与教育深度融合发展提供有效路径。

（一）顶层设计"人工智能＋教育"高质量发展框架

当前，我国教育发展取得了令人瞩目的成就，但在人工智能赋能教育发展的过程中仍然存在发展不均衡、技术应用不充分、政策难以落地等问题；缺乏科学、系统的顶层设计成为阻碍教育向更加公平、更高质量迈进的重要因素之一。为保证人工智能与新时代教育同频共振并融合发展，应立足本土，放眼世界，构建"人工智能＋教育"高质量发展框架，具体包括：①在管理规划上，政府和教育部门成立人工智能赋能教育创新变革专家团队，指导和统筹人工智能助推教育高质量发展行动计划的试点实施；②在推进落实上，以立德树人为根本任务，以难点问题、目标成果为导向，集中有效资源，利用人工智能赋能突破新时代教育高质量发展的重难点，分类推进不同阶段下基础教育、职业教育、高等教育、终身教育的差异化发展；③在探索创新上，加快科技力量建设

和人工智能关键技术集中攻关，加大对人工智能相关基础研究和跨领域应用研究的支持力度，激发人工智能在教育领域中的可持续发展潜能，推进人工智能与教育融合发展。

（二）推动智能教育场景示范应用与教学改革

党的二十届三中全会强调："推进教育数字化，赋能学习型社会建设，加强终身教育保障。"因此，在各级各类教育创新智能教育场景示范应用中应明确重点，以人工智能深入推动教育教学综合改革，具体包括：①统筹推进人工智能与教、学、管、考、评、科研、服务、资源、家校互动等教育应用场景的融合，总结可推广、复制性强的高质量智能教育场景示范应用。②探索和打造面向基础教育、职业教育、高等教育、终身教育的智能教育应用场景，如基础教育要重点探索线上资源支持线下教学应用的个性化智能辅导模式，职业教育要重点整合与职业环境和工作流程相符合的虚拟仿真实训资源平台，高等教育要重点支持人工智能等新兴前沿的相关理论和应用研究，终身教育要重点建设人人皆学、时时能学、处处可学的智能学习环境。

（三）夯实教育新基建，构筑规模化的高质量教育智能环境

未来社会对人才的需求比以往任何时候都更加需要科学技术的支持，如何抓住"新基建"契机构筑规模化、智能化、高质量的教育教学环境，实现人工智能赋能教育高质量发展，值得人们深思。对此，本书认为可从以下方面着手：①建设人工智能技术支持的信息网络新型基础设施，推进"5G+云网"融合，深化IPv6应用，支持建设校园物联网，推动校园局域网升级；②加快教育创新应用发展，以智能技术促进教育流程再造和模式重构，构建支撑规模化、高质量教育的智能环境新生态；③加快制定教育终端标准，为教育高质量、稳定、高速、安全发展保驾护航。

（四）形成智能教育发展共同体，提升师生智能教育素养

提升智能教育素养是培养教师人工智能技术应用能力的重要途径，是学生掌握智能时代学习方式必备品格和技能的关键。面对"人工智能+教育"的教与学实践场域，教师和学生要在原有素养的基础上拓展、提升智能素养，以应对未来教育的挑战。从教师的角度来说，一方面要加强智能教育素养，从知识、能力、思维、文化价值等各层面适应人工智能给教育带来的新变化；另一方面要加快学科素养与信息素养的融合，以技术与教学的双向助力培养学生智能素养。从学生的角度来说，要借助新手段、新方法，扩大学生接受智能学习的机会，探索学生智能教育素养提升新模式，正确引导学生通过计算思维、协作学习、实践创新等能力素养，解决智能时代的学习问题。需要注意的是，师生智能教育素养的培养需要集合高校、企业、中小学校等多方力量，以"理论—实践—研究"为主轴协同培养创新，形成智能教育发展共同体。

（五）重构育人目标，培养智能时代的创新型人才

人工智能为学习变革带来了前所未有的机遇。在智能时代，教育的高质量发展需要重构育人目标，完善创新型人才培养体系：①要提高学生在智能时代必备的学习能力和思维能力。一方面要提高学生的学习能力，引导学生养成良好的自主学习习惯；另一方面要着重培养学生的创造力、批判性思维等，使学生具备解决复杂问题的能力。②推动人工智能、编程技术等课程进入中小学课堂，促进中小学科创STEAM教育全面开展。③支持高校人工智能相关专业的建设，完善创新型人才培养体系，加大人工智能专业"高—精—尖"人才培养的力度。

（六）加速完善智能教育课程体系，加强优质教育资源建设

人工智能是我国未来教育高质量发展过程中不可忽视的战略要素，而数字化、智能化的教育资源是教育智能化新时代提升教育教学质量和效果的重要影响因素之一。为加强优质教育资源建设，融合人工智能的课程开发、教学工

具、模式创新等应引起关注：①要设计、开发人工智能相关的课程及配套教材，加快人工智能在高校的前沿引领、在职业教育的实践应用以及在中小学的普及教育。例如，开设"人工智能教育应用"慕课，既能深化高校学生对人工智能应用的认识，也能指导教育工作者在教学实践中接触和运用人工智能。②开发与课程教学相融合的智能工具，帮助师生在课堂中进行更高效、更智慧的教与学。③探索和创新人工智能助推学科教学发展的应用模式，如建立教师及社会力量参与教学资源建设的激励机制，利用人工智能加强对师生数字教育资源使用过程的监测，建立学科知识图谱、教学资源目录和教学资源地图等。

（七）正视人工智能应用的伦理安全问题，消解教育异化风险

随着教育大数据的产生和机器的智能化，教育异化与数据隐私泄露已成为智能技术提升教育发展质量过程中不可回避的伦理安全问题。对此，须建立健全人工智能应用保障机制，以尽量规避技术应用所产生的教育异化风险，具体包括：①制定人工智能教育应用相关政策法规，切实保障人工智能对教育高质量发展的促进作用；②建立人工智能行业技术安全规范，加强人工智能产品与教育服务质量监测，制定合理安全的数据存储、管理和保护机制；③加强行业工作人员的伦理道德意识与伦理素养培养，引导教师合理、合规运用人工智能技术，有效构建安全、稳定的智能教育教学环境，保护师生数据安全和个人隐私不受侵犯。

拓展资源

· 祝智庭.关于教育信息化的技术哲学观透视[J].华东师范大学学报(教育科学版),1999,(2):11-20.

· 张炜,周洪宇.教育强国建设:指数与指向[J].教育研究,2022,43(1):146-159.

- 祝新宇,马晓强,魏轶娜,等.全球数字教育发展:指数构建与中国方略[J].教育研究,2024,45(6):4-16.

- 杨宗凯,王俊,吴砥,等.ChatGPT/生成式人工智能对教育的影响探析及应对策略[J].华东师范大学学报(教育科学版),2023,41(7):26-35.

- 卢宇,余京蕾,陈鹏鹤,等.生成式人工智能的教育应用与展望:以ChatGPT系统为例[J].中国远程教育,2023,43(4):24-31,51.

- 刘三女牙.人工智能＋教育的融合发展之路[J].国家教育行政学院学报,2022,(10):7-10.

- 黄荣怀.人工智能正加速教育变革:现实挑战与应对举措[J].中国教育学刊,2023,(6):26-33.

- 胡小勇,孙硕,杨文杰,等.人工智能赋能教育高质量发展:需求、愿景与路径[J].现代教育技术,2022,32(1):5-15.

- 胡小勇,林梓柔,刘晓红.人工智能融入教育:全球态势与中国路向[J].电化教育研究,2024,45(12):13-22.

- 顾小清,郝祥军.从人工智能重塑的知识观看未来教育[J].教育研究,2022,43(9):138-149.

模块二

未来已来，时代育人新要求

> "学校始终应当把发展独立思考和独立判断的一般能力放在首位，而不应当把取得专门知识放在首位。"
>
> ——爱因斯坦

2-1

感知情境与人在回路的智能教育

以ChatGPT为代表的生成式人工智能带来的新机遇与挑战已成为全球热议话题。英国教育部于2023年3月发布《教育中的生成式人工智能》，指导教育工作者合理使用GAI。2023年，联合国教科文组织发布《高等教育中的ChatGPT和人工智能：快速入门指南》，帮助高等教育机构了解ChatGPT的工作原理及应用方法。美国知名教育媒体《教育周刊》平均每周有三篇报道讨论GAI教育应用。2023年3月，我国教育工作者举办了"ChatGPT与未来教育"沙龙，探讨GAI与未来教育的关系及其影响。

在GAI席卷全球的大背景下，美国白宫科技政策办公室2023年5月23日更新了美国人工智能战略规划核心文件——《国家人工智能研发战略规划》。同日，美国教育部教育技术办公室发布研究报告《人工智能与教学的未来：见解与提议》（以下简称《报告》）。《报告》旨在促进教师、研究者、领导者、政策制定者、教育技术创新者等共同应对人工智能教育应用引发的政策问题。《报告》对我国智能教育研究发展具有一定启示。

一、人工智能与教学的未来：见解与提议

人工智能的大规模教育应用能够以较低成本解决一些紧迫的教育问题。但人工智能自动化教学决策带来意外后果的可能性在增加，人们对其风险的焦虑也在加剧，这些问题都需要教育政策作出响应。基于此，美国教育部于2022年6~8月举行了四场咨询会，结合教育政策专家和人工智能政策专家的看法研制了《报告》。《报告》共八章：前三章主要介绍报告的目的、人工智能的基本内涵以及教育人工智能（Artificial Intelligence in Education，AIED）的四项基本原则；第四章至第七章主要讨论了人工智能在教学、学习、评估和研究与发展四类教育活动应用中面临的机遇和挑战；最后一章提出了七条政策建议。

（一）AI 基本内涵

《报告》对人工智能的基本定义是"基于关联性的自动化"，指出人工智能赋能教育技术两项重要能力：模式识别与自动决策。同时，《报告》从类人推理、追求目标的算法和增强智能三个角度讨论了人工智能的含义（见表2-1-1）。

表 2-1-1　从三种视角理解人工智能

视角	含义
类人推理	从类人推理的角度看，计算机系统能执行人类的任务，如视觉感知和语音识别。因此，类人的概念可以帮助我们简化对计算机技术教育应用的解释。但人工智能与人类的信息处理方式不同，当我们忽视这种差异时，从类人推理角度制定的政策可能无法满足实际教育需求。
追求目标的算法	只要一种计算方法能根据理论或数据的模式进行推断，并独立地朝着目标行动，它就可以被视为人工智能。这个定义强调了人工智能识别模式并选择行动实现特定目标这一特征，该特征能影响教育过程。例如，个性化学习系统可以识别学生在写作业时遇到的困难，并推荐替代的教学序列。然而，人工智能系统的成功取决于它发现的关联，但某些关联可能存在偏差或不当之处，进而导致人工智能系统生成虚假信息、歧视等问题。

（续表）

视角	含义
增强智能	增强智能认为，人与人工智能的合作模式应以人为中心，人工智能为提高人的认知能力服务。它以人类的智能和决策为核心，承认人工智能可帮助人类察觉模式和改善决策。增强智能关注如何支持人们开展教学活动，人工智能倾向于探索以计算机为中心的技术应用。

（二）四项基本原则

AIED应遵循四项基本原则：①以人为中心，即保护师生及相关人员的主观能动性，允许他们解读人工智能识别模式的含义，并选择行动方案，借此确保教育过程不是技术驱动，而是基于人的专业判断、关怀和教育价值观来开展。②推进教育公平。例如，美国发布行政命令，要求联邦政府推进教育公平以便每个学生都能成功，并消除人工智能设计和使用过程中的偏见。③确保安全、伦理和有效性。考虑到人工智能非常依赖数据，我们需要重视数据隐私、安全和治理。教育领导者应基于有效证据决定是否采用AIED及其他教育技术。④提高透明度，即人工智能设计者需告知和解释人工智能模型，帮助教育工作者理解人工智能在教育中的工作方式，更好地预测其局限、问题和风险。

（三）学习

1. 人工智能与自适应学习

适应性是科技改善学习的重要途径，而人工智能被认为可以增强科技对学生的适应性。在早期的智能导学系统中，科学家精准构建了专家解决数学问题的模型。如果学生偏离专家模型，智能导学系统会及时提供包括关键解题步骤在内的反馈，帮助学生回到正轨。元分析研究显示，智能导学系统教学效果显著。因此，提高人工智能解题步骤的适应性和降低其使用成本，有望实现大规模自适应学习。

适应性有时又称个性化，但适应性的内涵远比个性化广泛。教育技术产品实现个性化的两种常用手段是调整材料难度和调整材料顺序，但是教师知道帮助学生的途径远不限于此。优秀教师会结合学生的生活经验进行知识讲解，不像算法那样只提供学生感兴趣的学习资料。与人工智能相比，教师能更全面地把握"可教时刻"（Teachable moment）。《报告》希望AIED建立在对学习的全面理解上，并提出拓展人工智能适应人类学习的五个重要转向（见图2-1-1）。

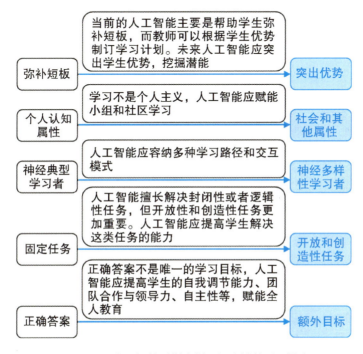

图 2-1-1　人工智能对学生学习适应性的重要转向

2. 与人工智能一起学习和学习人工智能

目前，理解AIED有两种角度：帮助学生学习的人工智能与帮助学生学习人工智能相关技术。我们需要引导学生审视人工智能在教育和社会中的位置，帮助他们明确人工智能在日常生活中的角色和价值以及了解并规避相关风险。为此，我们应向学生提供学习人工智能工作原理、保护隐私和安全等主题的机会。

3. 人工智能赋能学习的挑战与开放性问题

人工智能本身无法修复我们所面对的、破碎且不平等的教育系统，因此，我们需要谨慎地使用人工智能，以防加剧教育系统的分裂。《报告》认为，当前AIED不完全符合我们的学习愿景，并列出了值得注意的问题。例如，人工智能在多大程度上能挖掘学生潜能而不仅仅是弥补短板？人工智能能否为残疾人和英语学习者提供更好的支持？青少年如何选择和使用人工智能工具进行学习？在使用人工智能学习的过程中，学生的隐私和数据是否能得到充分保护？

（四）教学

1. 利用人工智能优化教学流程和促进教师专业发展

《报告》引用麦肯锡公司关于人工智能对K-12教师影响的报告，强调人工智能给教师带来三种机遇：①处理低层次的杂务，减轻教学负担，让教师有更多的精力和时间关注学生。②根据教师计划随时随地辅导和协助管理学生。例如，人工智能可以在课外辅导学生，教师可以选择人工智能提供支持、提示和反馈。③促进教师专业发展。例如，课堂智能分析及时呈现课堂教学的亮点与不足，协助教师开展教学反思、促进专业发展。虚拟课堂可以让教师在几近真实的情境中练习教学技能，并通过变声器和换脸功能让教师在不暴露个人身份的情况下与同行分享交流。《报告》还强调人工智能在协助教师备课方面的潜力，如推荐适合教师所授班级的教学资源、调整教学资源以满足有特殊需求的学生。

《报告》强调AIED是为了辅佐教师教学，而不是取代教师，倡导以教育者为中心，主张人本主义教学观，并列举了三条以教师为中心的重要回路：教学过程中每时每刻的决策回路；教师准备、计划、反思教学的回路，包括专业发展回路；教师参与人工智能技术的设计、选择和评估的回路。

2. 人工智能赋能教师教学的三大冲突

《报告》认为人工智能赋能教师教学面临三大冲突（见图2-1-2）。首先是教师决策与计算机决策的冲突。要发挥人在回路的作用，人工智能必须处于教师的监视下，在必要时提醒教师进行决策，并允许教师修改人工智能决策。同时也要注意，倘若教师决策过多，那么了解和配置人工智能将消耗教师大量时间。其次是自动化教学杂务与避免监视的冲突。人工智能教学应用可能让教师感觉隐私被侵犯，进而影响教师教学质量。例如，人工智能教学助手会捕捉教师言语内容和教学资源搜索历史。这些信息有助于向教师提供定制化教学协助，但也可能被用于监视教师。教师一旦感觉自己被监视，其教学积极性将受到打击。第三是挖掘学生优势与保护隐私的冲突。例如，在文化回应教学中，教师会基于学生的"资产"——个人、社区和文化优势设计教学材料，挖掘学生优势并满足他们的需求。人工智能可以协助教师开展以上活动，但需要收集学生数据以充分了解学生，可是收集的数据越多，隐私泄露的风险也就越高。

图 2-1-2　人工智能赋能教师教学面临的三大冲突

3. 人工智能赋能教学的开放性问题

《报告》列举了值得关注的人工智能赋能教学问题。例如，人工智能能否提高教师日常工作质量？能否减轻教师负担，让教师更专注于有效教学？每当人工智能减轻教师一种教学负担的同时，是否有新的工作被转移或分配给教师，从而抵消人工智能的益处？教师能否监督学生使用人工智能系统？教师是在合理地控制人工智能系统，还是不适当地将决策权交给这些系统？

（五）形成性评估

形成性评估指将评估活动的信息反馈给师生，促进师生调整教与学过程。由于反馈在改进教与学中有重要作用，形成性评估是教育技术的主要应用之一。《报告》认为，形成性评估的发展离不开人工智能技术的进步。美国《国家教育技术计划》（NETP2017）认为，技术可从七个维度增强形成性评估：丰富问题类型、测量复杂能力、提供实时反馈、增加可访问内容、适应学习者的知识和能力、在学习过程中嵌入评估、评估持续学习。人工智能在七个维度上都可发挥作用。例如，利用人工智能将形成性评估嵌入学习过程，能及时提供反馈，支持学生学习，也有助于减少教师评估的工作量，使教师将精力用于更重要的教学判断。

1. 形成性评估通过反馈回路影响教与学过程

形成性评估可用于提供实时教学反馈，在实践中调动师生情绪，影响教与学过程。改善形成性评估，有利于节省教师在评估任务上的时间、向学生提供详细建议、支持教学改进等，从而减轻额外评估活动产生的不利影响。《报告》指出，人工智能赋能形成性评估的主要途径是增强反馈回路，并以作文自动评分系统为例加以阐释。作文自动评分系统具备及时、具体和低成本等特点，可为学习写作提供较公平的支持，对学生作品提供建设性意见。当然，现阶段的作文自动评分系统还存在很大局限，例如，无法像人类一样鉴赏文中蕴含的情绪、无法鉴别作者的原创水平和创造力等。

2. 人工智能在形成性评估中的机遇

利用人工智能系统和模型支持形成性评估能带来三个关键机遇：①关注评估的主要内容，特别是关注教育机构希望测量但难以测量的内容，例如科学探索、历史理解或文学讨论等，同时能提供真实、可操作的反馈以促进学生全面发展。②提高学生寻求帮助和教师提供帮助的能力。学生寻求并得到帮助是反馈回路起效的核心。人工智能可为学生提供有效的一对一辅导，并向教师反馈学生学习近况，以便更好地帮助学生。③拓展师生在教学反馈回路设计中的参与度，提高评估结果对他们的价值。具体而言，所提供和接受反馈的方式因地区和文化而异，通过让师生深度参与教学反馈设计，调整反馈形式使之符合所处社区的规范。

3. 人工智能赋能形成性评估的挑战与开放性问题

偏差和公平是评估设计与实施的重要议题。在人工智能赋能评估中，如果基于不能代表学生的数据开发与优化人工智能算法，就可能出现算法歧视，导致评估结果出现偏差，甚至使反馈和干预变得不公平。《报告》建议充分利用心理测量领域的知识和工具减少偏差和促进公平。《报告》还列举了其他值得关注的问题。例如，形成性评估是否有助于改善学生学习体验和教师课堂教学？人工智能支持的形成性评估和反馈回路是否以人为中心？对人工智能赋能的评估系统、反馈回路、评估数据的信任度正在上升还是下降？

（六）研究与发展

美国《国家教育技术计划》（NETP 2010）认为，建立个性化学习系统是教育研究与发展面临的重大挑战。该系统应能精准调节学习难度和协助程度以实时优化学生学习体验，能在与学生的互动中自我改进。这个挑战依然存在，对未来研究仍有指导意义。

1.如何加强情境在人工智能系统中的作用

《报告》建议扩大自适应学习的内涵，使之不再限于狭隘的认知属性，呼吁提高AIED情境感知能力。《报告》还指出，人工智能的发展速度和其对教育情境的感知能力存在一定冲突。正因如此，AIED研发应尽早把情境纳入其中，以免在错误的道路上越走越远。具体而言，未来研发应重点考虑如表2-1-2所示的四类情境。

表2-1-2　未来研发需关注的四类情境

情境	含义
关注学习者多样性	解决情境感知的有效途径是关注学习者多样性的长尾区域。图2-1-3展示了学生的优势和需求与对应教学方法满足学生人数的关系。区域1的教学资源标准化程度高，能满足大多数学生的需求。但该区域中的人工智能适应性非常有限，如只能根据学生答案的正误提供阅读材料。区域2的教学方法在标准化和适应性之间能取得更好的平衡，如通过学习设计能支持学生采用多种方式学习。区域3也称长尾区域，该区域的教学方法重视学生神经多样性的特点，关注家庭、社区和文化经验赋予他们的多样化资本，以及学生兴趣、动机、环境等的差异。这些多样性是情境的重要维度，AIED应基于学生在每个维度上的独特性提供个性化学习内容。

（续表）

情境	含义
基于设计和研究的合作关系	通过协作设计，让非研发人员参与到AIED设计和开发的各个阶段，打造更符合师生需求的人工智能系统。《报告》列举了典型案例，如AIED研究采用参与式协作设计可以激发青年的创新设计意愿、提高主人公意识、帮助学生了解数据被收集和使用的方式。
重新思考教师专业发展	当前教师对使用新兴技术的准备不足，教育技术研究和教师专业发展也处于割裂状态。一方面要加强教师的人工智能素养，让教师能以创新的方式发挥人工智能的优势；另一方面要改变将技术视为专业发展附加元素的思想，构建新的教师专业发展体系，匹配技术在教育教学中日益增强的地位。
与公共政策接轨	关于道德、偏见和其他重要概念的讨论同时存在于公共政策和教育生态系统。因此，以人为本的AIED需要遵循一般性的人工智能监管政策，教育政策需要借力人工智能伦理、安全和监管的公共政策。

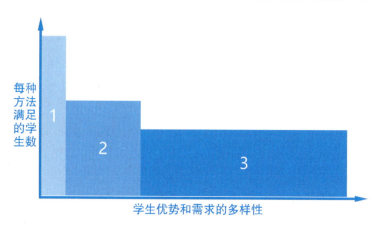

图2-1-3　学习者多样性的长尾分布

2. 值得关注的研究问题与期望的国家研发目标

《报告》列举了值得研究者探索的问题。例如，人工智能系统是否关心学习多样性的"长尾区域"，以适应更广泛的学习方式？用户如何理解数据共享可能产生的法律和伦理问题，以及如何降低隐私风险？情境感知技术的具体含义是什么，如何衡量？

咨询会希望美国在若干关键问题的研究上取得进展。①短期目标包括：澄清数据隐私和安全的术语内涵并达成共识；为学生、教师和教育部门制订有效的人工智能素养培养计划；定义参与式或协同设计的研究过程；提高AIED系统的公平性、透明度和安全性；让青年群体参与AIED系统的研究和设计。②长期目标包括：资助机构挖掘情境的含义并解决情境问题，提高民众参与度并考虑学习者的多样性；优先支持教师发展；创建有利于大数据研发和发挥新兴人工智能功能作用的基础设施和新型合作方式。

（七）提议

《报告》基于对学习、教学、评估和研发领域面临的机遇与挑战，提出了七项政策提议（见表2-1-3），并呼吁教育领导者采取具体行动。

表 2-1-3　七项政策提议

提议	内容
强调"人在回路"	以电动自行车和扫地机器人作类比，希望技术更像电动自行车，人类能轻松地对其完全控制，而不是像扫地机器人那样只是将人类从参与或监督中解放出来。"人在回路"反对人工智能系统取代教师，强调教师作为教学决策者的核心作用。《报告》呼吁家长、学生、领导者和政策制定者要参与AIED应用全过程，批判性地分析人工智能在教育各环节的作用，并明确应怎样维护人类判断在教育系统中的首要地位。
与共同的教育愿景相结合	图2-1-4总结了与共同教育愿景一致的AIED应具有的特性。
根据现代学习原则设计人工智能	呼吁研发部门坚定拒绝技术决定论，应以现代学习原则和教育从业者的智慧为基础，创建具有文化回应性和可持续性的人工智能系统，挖掘学习者优势；倡导利用教育评估界的专业知识识别偏见和促进AIED公平。
优先考虑增强信任	教育技术和人工智能领域存在信任危机，民众对新兴技术缺乏信任。没有强大的信任基础，人工智能就无法实现公共利益。《报告》期望相关协会和社团在加强民众信任方面发挥关键作用，在跨领域政策讨论中代表其成员的观点，将教育生态系统的所有部分纳入信任讨论。

（续表）

提议	内容
告知并让教育工作者参与其中	建议让教师参与AIED的开发与管理，包括审核学校现有人工智能系统和数据使用，根据教师意见设计新的应用软件，对拟采用的新教学工具进行试点评估，与开发人员合作提高系统的可信度，并在实施时预设风险和意外后果；呼吁教师培养机构将技术系统地整合到培养课程中。
将研发重点放在解决情境问题和增强信任及安全上	呼吁研发部门发挥带头作用，优先考虑情境、信任和安全的挑战，考虑教育的特殊要求。例如，教师如何有意义地参与人工智能设计。警惕因人工智能系统信任不足或过度信任而引发的问题，并建议将研究和资助重点放在提高人工智能对教育情境的感知能力和对多样化学习的适应性方面。
制定针对教育的指导方针和保障措施	鼓励教育系统各级成员利用学生和数据隐私相关的法律，管理教育技术平台并各自开展工作。

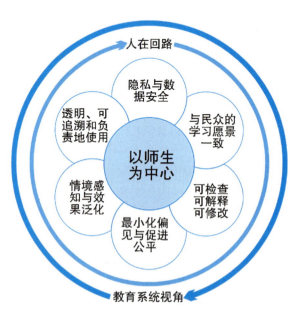

图 2-1-4　与共同教育愿景一致的 AIED 应具有的特性

二、人工智能融入教育：关注人的主体地位

《报告》的部分内容是美国NETP2017关于一般技术与教育融合的观点在AIED中的具体化。例如，《报告》关于技术增强评估的七个维度全部来自NETP2017。NETP2017提出加强教师技术培训，推动技术与教学融合。这一主张在这次《报告》中体现为提高教师人工智能素养。NETP2017和《报告》都提及通用学习设计理念对满足学生特殊需求的重要性。当然，《报告》主要关注的还是人工智能带给教育的独特机遇和挑战。例如，人工智能被定义为"基于数据的关联性发现"，数据对AIED的重要性不容置疑。因此，《报告》格外强调可解释、可信赖的人工智能、数据安全与隐私、伦理风险等。对于这些主题，国内学者已有诸多探讨。本书主要讨论《报告》区别于美国NETP2017的三个要点：情境敏感性与多样化学习、"人在回路"的AIED和高阶能力培养。

（一）提高人工智能对教育情境的感知能力和对多样化学习的适应性

《报告》的"研究与发展"一章指出，应提高AIED的情境感知能力。情境感知在教育领域的重要维度是指重视学习的多样性，包括学习环境、文化背景、认知水平、认知风格、兴趣态度等，并让人工智能从多方面适应学生，在全面考虑学生特点的基础上提供个性化辅导。"学习"一章也认为，应从突出学生个人优势和容纳神经多样性等方面提高AIED的适应性。这些观点本质上是在主张AIED应尊重学生的独特经验与个性。技术应从"短板导向"转为"优点导向"的论述尤能体现这一观点。短板导向指现阶段的技术倾向于提升学生学习短板——记忆。优点导向指教师会发掘并利用学生优点，以优点带动学生学习。其中，优点不仅包括学业方面的，还包括合作能力、沟通能力、创造性，以及学生性格及其所在社区与族群的独特文化。

《报告》对学生文化背景多样性的强调源于文化回应性教学法。这种教学法主张文化多元与平等，倡导教学与学生文化背景相融合。虽然该教学法与美国教育多元文化冲突和种族公平有关，但对我国教育仍有启示。例如，我国学者已尝试应用文化回应性教学法改善乡村教师发展和提高少数民族地区教育质

量。如何利用人工智能赋能这类具有浓厚人文关怀教学方法的本土化应用，值得教育研究者和实践者深入探索。

《报告》认为，对情境感知和学习多样性的重视与人工智能算法的开发有一定关系，尤其是机器学习模型的训练。训练机器学习模型本质是让模型拟合尽可能多的数据点，减少模型输出与标签之间的误差。由于在一般情况下典型的学生占多数，机器学习模型倾向于让输出结果更多地匹配这类学生，而对于非典型的学生（如有阅读障碍的学生）模型准确性相对较低。这种差异可能导致AIED系统难以公平地提供反馈、学习干预和学习机会。因此，未来的研发不仅要保证训练数据具有代表性，也要保证不同群体的数据量都充足，这样才能在最大程度上降低人工智能教育应用的歧视与不公平风险，避免扩大教育数字鸿沟。

提高人工智能对教育情境的感知能力和对多样化学习的适应性势在必行。为实现这一教育愿景，除了人工智能技术的进步，更需要发展AIED方法与理论。例如，以ChatGPT为代表的生成式人工智能对教育产生了巨大冲击，引发了教育工作者的热烈探讨，但对于如何利用这类人工智能技术赋能教育、推动教育数字化转型，并无经实证研究检验过的有效方法论和理论框架。《报告》还指出，如果要让AIED适应每个学生的独特经验和个性，则需要将这些数据提供给人工智能系统，这将进一步加剧数据安全和隐私问题。包容且具备情境感知能力的AIED需要从理论、方法、伦理、技术等方面全方位地展开深入研究和实践。

（二）构建"人在回路"的AIED生态

解决情境感知问题不仅依赖于人工智能技术的发展，更需要人对技术进行合理使用，这也是《报告》强调"人在回路"观点的原因之一。该观点在《报告》中出现37次，既是AIED应遵循的基本原则，也是《报告》的一项政策提议。回路既包括AIED应用回路（见图2-1-5），即人工智能系统收集和分析教育数据、反馈结果并提供支持，帮助师生改进教与学的过程；也包括AIED研发回路，即针对教育教学问题，与师生协同设计人工智能系统，收集师生使用反馈并迭代优化系统。"人在回路"的AIED意味着师生及其他教育工作者可参与AIED应用于研发回路的各环节，能够对审查和干预AIED系统的决策，确保研发充分考虑教学过程中的社会文化、人际互动、情感等因素，并通过监督和评估人工智能系统的使用情况，确保其适用于教学目标和学生需求。

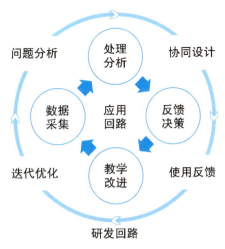

图 2-1-5　AIED 应用与研发回路

"人在回路"对AIED研究有两点启示：一是注重基于设计的研究探索人工智能赋能教育的途径。师生加入AIED工具与系统的研发，可使人工智能系统能在充分考虑师生文化背景与独特经验的基础上进行模式识别、反馈与决策。二是加强教育领域人机协同研究。这包括探索如何减少因人工智能系统不透明、难理解、人工智能决策与师生决策不一致等引起的人机冲突，以及解决功能与风险之间的矛盾。可以说，人工智能获取的师生数据越多，越能适应各种教学情境和教学多样性，但带来的数据安全隐患也越大，人工智能对数据的强依赖性意味着这一矛盾将长久存在。因此，在人机协同环境中，师生应如何"优质使用和积极接纳"人工智能、人工智能应如何被"优质开发和积极监管"，值得持续探究。

对教育实践而言，实现"人在回路"需要提高师生数字素养并规范AIED系统的可解释和可信任度。师生数字素养和智能教育素养是保证"人在回路"有效的关键。一方面，如果师生不了解AIED的基本原理和哪些数据因何有泄漏风险，即使将人置于回路中也无法保证人工智能不违反伦理规范或做出不公平的行为，对人工智能系统的不了解也是引发教师与智能教学系统冲突的主要原因之一。一味地让"人在回路"，反而可能加剧现有的人机冲突。另一方面，如果师生信任人工智能但缺乏基本素养，这种信任可能演变为过度信任甚至迷信。《报告》提到，在模拟火灾中，人们可能一味地遵循机器人的指令，甚至在被告知机器人坏了、指令有明显错误的情况下依然如此。

打破人工智能"黑箱"属性，让普通师生对AIED系统有一定了解，除提高师生智能教育素养外，AIED系统本身的架构、特征、数据来源与使用方式、决策结果等也需要具有良好的可解释性，最好是AIED系统具有自我解释能力。此外，可信任的人工智能系统是师生处于回路时愿意与人工智能协同决策和控制教与学过程的基本保障，但可解释性只是可信任性的必要非充分条件。师生对AIED系统决策结果是否信任还取决于是否有足够的证据表明这个系统是公平且可靠的。因此，教育决策者应尽早研制相应的政策、法规、标准等，引领可解释、公平、安全、可靠的AIED系统研发。

（三）变革育人理念，探索高阶能力培养体系

《报告》指出，当前AIED局限于认知能力的培养，所持有的学习理念过于狭隘，未来应促进学生情感、态度、自我调节能力、合作能力等的全面发展。这既是人工智能高速发展倒逼育人理念变革的必然结果，也是人工智能带给教育的机遇。一方面，人工智能可以弥补人类知识生产中的缺陷，极大地提高知识生产的速度，生成式人工智能已达到构建大规模人类优质知识库的水平，因此教育将不再以知识传承为主要目标。增强教育对高阶思维与情感技能的培养，推动学习范式转向"高意识生成式学习"，是生成式人工智能时代强化人独特智能的重要途径。另一方面，人工智能在培养学生高阶能力方面已初现潜力。例如，人工智能算法可用于测量、分析、预测和支持协作学习行为，促进

学生合作能力的发展；模糊逻辑与评估技术的结合可用于评价学生的管理、沟通、社交、创新等能力。

高阶能力培养已成为时代诉求。未来研究和实践可从理论框架、评价技术、环境创设、学科融合四方面探索与构建培养体系。虽然高阶能力相关研究已开展数十年，但其内涵与维度仍过于宽泛且不精确。例如，高阶认知能力是否包含批判性思维？批判性思维与批判性分析思维的联系与区别是什么？社会情感能力的具体指标包括什么？研究者需要着力解决上述问题，携手构建一个公认的、定义清楚的、结构分明的高阶能力理论框架。只有基于该框架，高阶能力建模与评价技术发展方向才能明确，突破人工智能技术瓶颈才有着力点。创设高阶能力培养环境需要充分结合人工智能与其他新兴技术。例如，利用VR和AR搭建体验式学习环境，人工智能支撑该环境适应每个学生的特点。一个能感知情境的AIED可以培养学生的文化意识，但需要大量数据支撑。这些数据的收集依赖于物联网、可穿戴设备等技术。

此外，高阶能力的培养也离不开多学科深度融合。一方面，构建理论框架需要理解高阶能力的心理与行为特点、神经基础、发展规律、培养方法、文化影响因素等。这依赖于心理学、神经科学、教育学、社会学等的研究，也要求不同学科的研究者统一术语，避免概念混乱。另一方面，高阶能力具有通用属性，对其培养势必以跨学科学习为主，需要不同学科教学领域研究者和教师协同探索，从学科特点与优势出发，建立可操作和相互衔接的跨学科课程和教学模式，为培养具有高阶能力的复合型人才奠定基础。

2-2

人工智能赋能学习者高阶思维培养

　　高阶思维是发生在较高水平层次的认知活动，是学习者解决复杂问题的必要条件，是培养未来社会创新型人才的需要，受到全球教育界的广泛关注。2019年，世界经济合作与发展组织发布了《培养学生的创造力和批判性思维》研究报告，明确指出在新的时代背景下创造力、批判性思维等高阶思维具有巨大潜在价值。2016年，《中国学生发展核心素养》将批判质疑、勤于反思、问题解决等纳入基本要点，凸显出高阶思维在学生核心素养中的重要性。同时，美国、新加坡等国家将高阶思维能力作为21世纪学习者学习和适应社会所必备的关键能力之一。可见，学习者高阶思维的培养成为当代及未来教育发展的重要趋势，未来人才培养目标将不再局限于知识理解和技能掌握，而是聚焦于高阶思维能力和复杂问题解决能力。

　　近年来，人工智能技术发展浩荡如潮，不断加速世界各行业的数字化变革与创新。作为推动教育数字化转型与发展变革的重要力量，教育人工智能开始崛起，并结合人工智能与学习科学、脑科学等多学科成果，为培养学习者的高阶思维提供了巨大空间。然而，学习碎片化、浅层化等问题愈发显现，加之算法"黑箱"难以揭示深度学习和认知规律，"数据投喂"固化思维定势，学习者思维能力退化的风险也正在加剧。在人工智能等新技术助力教育数字化转型的背景下，如何正确对待教育人工智能为高阶思维培养带来的机遇与挑战，成为当前全球教育改革的重要研究关注点。本书将通过梳理国内外相关研究，归纳总结人工智能支持下学习者高阶思维培养的研究重点，以把握人工智能赋能学习者高阶思维培养的重要方向，为人工智能赋能学习者高阶思维培养提供参考。

一、智能技术赋能高阶思维以新内涵

高阶思维是解决复杂问题过程中所发生的高阶认知活动。从解决的问题对象来看，复杂问题是劣构的、具体的，具有丰富的情境信息，这种问题情境容易引发学习者认知上的冲突，为高阶思维的发生提供重要的前提条件。从发生过程来看，杜威认为高阶思维的发生经历了质疑反思、生成问题、假设、推理、解决问题等过程环节。从认知层次来看，布卢姆教育目标分类修订版将"分析、评价、创造"作为较高层次的认知目标，与高阶思维和深度学习相对应。从能力结构来看，斯腾伯格在成功智力理论中将高阶思维的相关能力划分为分析性智力、创造性智力和实践性智力三类，并提出了13种思维风格，其中高阶性的思维风格表现出认知复杂度高、规范程度低、结构性弱的特点。高阶思维在加深学生对信息的理解、促进知识技能掌握的同时，也提升了认知能力和综合素养，更加符合学习者的学习规律和成长需求。

人工智能的迅猛崛起及规模化的教育应用，促使高阶思维出现了复杂性、不确定性和自动调节性等新特征，也更加趋于系统性、跨学科性和人机协同性。就其系统性而言，2014年新媒体联盟发布的K-12版《地平线报告》指出，学生需要通过复合思维、计算思维等方式来进行复杂、综合的认知活动，系统理解人与人工智能之间的区别与联系，并借助必要的技术手段应对复杂问题。从跨学科特性来说，部分高阶复杂的学科思维超越了传统定义和原有单一学科的限制，在新的学科领域中延伸出新的内涵。例如计算思维突破原有计算机科学领域的局限，形成了一种融合数学、工程、科学等多学科领域的综合性思维。就人机协同性来讲，学习者借助人工智能本身所具备的计算、感知和认知能力，能够更大程度地发挥人类思维优势，促进知识创生，实现复杂问题的有效解决。

二、教育人工智能赋能学习者高阶思维培养的十个重点方向

（一）大数据技术支持的学习者思维特征建模

学习者思维特征建模依据行为、心理、生理等与思维过程相关的学习数据，以学习者知识技能、认知水平、情感体验等方面的发展变化为关注点，实现对高阶思维发展的抽象表示与刻画。一方面，大数据技术有利于扩大数据采集范围，保证数据分析的多样性，使学习者思维特征模型在认知过程诊断、深度关联分析等方面更加科学、精准。美国教育部在《通过教育数据挖掘和学习分析促进教与学》报告中提到，学习者建模可以通过获取和挖掘学习反馈、技能练习、学习表现等多种数据，综合分析高阶思维技能的掌握情况。另一方面，科学合理的思维特征建模能有效识别和干预学习者高阶思维及认知的发展，有助于智能系统的大规模应用。例如，侯赛因基于英国开放大学在线学习系统建立了学习者特征模型，利用大数据支持的机器学习算法，从参与讨论、小组协作、浏览网页等学习活动数据中识别出学习投入度和思维活跃度较低的学生，以帮助教师在大规模远程学习课程中提供必要的干预措施。学习者思维特征建模的科学性、全面性与精准性，关键在于思维特征数据获取手段的实时性、伴随式、跨媒体特征，以及算法算力的效率、准确率等，因此需要大数据、云计算、知识追踪、跨模态深度学习等技术的发展与支持，融合多源多维的思维特征数据，使基于学习者外在表现的高阶思维挖掘与表征成为可能。

（二）基于学习分析的高阶思维培养风险预测

在利用人工智能促进学习者高阶思维发展的过程中，基于机器学习算法和预测模型的学习分析不仅能发现学习者的深层次认知规律，还提供了寻找共同错误模式、预测失败风险的研究手段，有助于学习者改进思维和认知方式，促进高阶思维的健康发展。

一方面，学习者高阶思维培养风险预测目标有两类。一是监测识别思维发展中可能存在的缺口，帮助学习者获得及时的教学指导；二是利用学习行为数据分析学习者的投入度和学习困难，剖析诊断其中蕴含的思维发展问题，为教

育者提供学困生预测支持。另一方面，预测分析对象分为结构化数据和非结构化数据，学习成绩、学习时长、网页浏览等结构化数据，固然能在一定程度上预测学习者思维状态与能力水平。同时，随着学习分析技术的发展，利用文本、对话等非结构化数据挖掘学习背后的思维指向和认知功能也日益受到研究者关注。如基于预测模型和智能诊断框架对学习者提供的写作文本进行分析，分别预测和诊断出他们的写作思维能力和学术阅读水平。对高阶思维培养进行风险预测是为了及时发现学习者发展思维的潜在困难与风险，通过精准干预来保证高阶思维的有效提升，未来相关研究既要关注学习者数据的价值性与多样性，也应结合具体思维教学场景增强学习分析技术的应用效果。

（三）扩展现实支持的沉浸式学习促进高阶思维

培养和发展高阶思维往往需要基于特定的学习情境。利用虚拟现实（VR）、增强现实（AR）等扩展现实（XR）技术来创设智能仿真学习环境，可以使学习者沉浸在"拟真"世界中解决"真实"的问题，达到提升高阶思维水平的目的。首先，基于扩展现实的学习环境突破了物理空间的限制，拓展了学习环境的边界。卢迪等人指出：充满探究意义的沉浸式虚拟学习场域可以帮助学习者基于自身兴趣采取合适的学习策略，提升批判性思维和创新性思维能力。其次，在扩展现实支持的学习情境中，丰富多样的智能感知与交互设计手段对学习者实现深层次的沉浸式学习、锻炼基于问题解决的高阶思维技能具有积极促进的作用。朱珂等人认为，融合XR技术的互动教育游戏可以通过全新的个性化自主体验激发学习者的创造力和灵感，促进创新性思维的发展。由于扩展现实技术对学习者知识与能力转化的感知与认知能力仍存在局限，未来利用扩展现实技术促进高阶思维发展的相关研究应更加关注深层次知识的传递与再造，并进一步优化学习者发展思维沉浸式体验。

（四）教育机器人辅助的高阶思维培养

教育机器人是机器人应用领域的发展，具有教学场景适用性、及时反馈性、开放可扩展性和友好交互性等特点，可有效支撑学习者创造力等高阶思维培养。首先，在教学中融入教育机器人，可引导学习者进行深层次认知，如机器人鼓励学习者提出问题，通过问答触发深度思考，实现批判性反思。在小组协作学习中，可利用机器人引导学习者进行问答、反思和改进等高阶思维活动，以促进学习者的深度协同知识建构。其次，在跨学科教学中应用机器人，由于机器人本身综合了仿生技术、语言理解、视觉计算等多学科领域的技术，机器人成为学习者开展跨学科学习、发展高阶思维能力的重要载体。如一项国家级课外机器人项目追踪研究发现，高中生完成STEM机器人的设计组装有助于其发展批判性思维及问题解决能力。再次，教育机器人应用于课外教学，可以强化儿童的计算思维、设计思维和创新性思维。已有研究表明，将计算机编程与机器人技术融入4岁儿童的游戏化学习，促进了儿童计算思维和问题解决能力的发展。教育机器人作为学习对象、教学手段和认知工具，在学习者高阶思维培养方面具有巨大的潜力。由于当前机器人对学习者思维发展情况的认知水平较低，简单的对话交流在促进学习者深度认知和思考方面难以发挥巨大优势，未来相关研究需要增强机器人教育教学功能的设计，通过情境创设、活动支架、诊断评估、资源推送等为高阶思维培养提供更有针对性、更高质量的服务支持。

（五）基于自适应技术的个性化思维发展

自适应技术是实现个性化学习、打造个性化思维发展路径的有效方式。一方面，自适应学习系统进行高阶思维能力测评时会根据学习者的动态表现及时调整测试题难度。例如，语言技能的发展需要学习者高阶思维活动的参与，李俊杰等人设计的基于自适应题库的语言个性化学习平台能够根据良构和劣构测试题的答题情况判断语言学习者的语言发展水平和高阶思维能力，并动态选推与之适配的题目。另一方面，系统通过智能算法实时收集学习表现数据，依据学习者思维发展水平和规律，智能匹配合适的资源及干预措施，并适应性地调整内容推送顺序。如方海光等人提出了自适应学习慕课系统模型，通过学习行为分析、判断学习者是否达到预期的认知思维层次，并进行个性化干预，促进自主调节。学习者高阶思维的个性化发展需要人工智能提供精准的评测与适配的资源推送等服务，未来相关研究须关注学习者学习的知识图谱与知识追踪技术的结合，基于外显的学习表现分析和预测内隐的思维能力发展程度，结合具体教学场景动态，自适应地实施或转变高阶思维培养方式。

（六）脑机接口促进学习者与机器的人机思维交互

脑机接口借助生理信息（如脑电波、心率等）反映学习者的学习状态，并通过学习与思维的状态关联来判断高阶思维的发生与持续。在脑机接口支持下，学习者利用思维意识向机器发布指令，并通过机器反馈来调控学习行为，实现人与机器的深度思维交互。首先，脑机接口可以结合脑电波分布情况对学习者思维层次进行判断和评估。当脑电波为 α 波时，学习者学习状态最佳，此时其创造性思维最为活跃。已有研究发现，在虚拟现实中利用脑机接口记录和评估学习者的创造性思维过程中，对比分析了脑电信号的不同反馈形式对创造性水平的影响效果，发现脑电图的提醒反馈形式更有利于学习者创造性思维的发展。其次，脑机接口能够实现学习者思维活动与外界环境的直接通信。有研究者利用非侵入式脑机接口设备探测学习者睡眠时的肌肉放松程度，通过调整机器与大脑之间的交互促进联想思维发展，激发创造力。最后，脑机接口产生的学习和思维数据可以用于学习模型与学习系统完善。如陈海建等人通过脑电实验对学习者的思维认知过程和兴趣点变化进行跟踪和记录，完善并验证了促进个性化教学的学习者画像。然而，尽管脑机接口具有记录、影响和反馈高阶思维的独特优势，但是由于技术成本较高且学习者接受程度较低，目前相关教育应用仍然有待深入探索，须在保证技术设备安全性和稳定性的同时，依据科学、全面的高阶思维特征指标，增强脑机接口在思维教学中的适用性与接受度。

（七）融合多模态生物特征识别的思维发展过程

追踪高阶思维的复杂性对思维过程追踪技术的实现提出了巨大的挑战。目前，多模态生物特征识别技术对学习者思维发展过程中生理、心理、行为及其他特征数据的融合识别认证，不仅降低了单模态数据分析导致的错误率，还可以利用多通道、多维度数据来提高思维特征识别的精确度。已有研究发现，利用面部表情与鼠标交互相结合的双模态数据检测学习投入度，其准确性要高于图像单模态数据检测。而在以高阶思维和创新实践能力提升为目的的STEM场景中，依托PELARS（Practice-based Experimental Learning Analytics Research and Support）学习分析系统，采用计算机视觉、可佩戴传感器和问卷调查，对学习者的面部表情、手部动作、身体运动以及基本信息等多模态数据进行采集、识别和可视化，既能验证系统的可用性，也能为学习者创新性思维的培养提供适应性证据。多模态数据识别与分析技术可以实现思维发展过程的准确识别与动态实时追踪，不仅对多来源、多模态信息特征融合与映射的准确性和鲁棒性有较高要求，同时在理论与实践中还需进一步加强数据与学习者思维特征的有意义关联以及隐私保护等。

（八）情感计算促进激发高阶思维的发展潜能

愉快、专注等积极情感能提高学习者知识建构的积极主动性，激发问题解决和创新潜能。因此，利用情感计算对学习者的情感状态进行表征、分析和反馈，有助于揭示深层次的情感发生机制，对学习者反思学习状态、优化学习行为、激发思维潜能等具有重要意义。在已有研究中，情感计算以学习过程中产生的文本、语音、视频、生理信息等数据为主要分析对象，对学习情感进行精准识别和有效反馈。已有研究结合眼动、心率和脑电数据，在数字化游戏和静态数字教材支持的两种学习环境中分别测量了学习者解决问题时的注意力、情感体验和认知负荷，发现数字化游戏能够显著提升情感体验和学习注意力水平，并建议延长测量高阶思维能力发展变化的研究周期。总体来看，高阶思维发展是整合认知、情感和行为的复杂过程，不少研究虽然在分析多样化学习数据、情感识别的基础上对反思、解决问题等学习行为进行了挖掘，但在关于"情感—行为—认知"的深层次演化规律和具体作用机制等问题上，仍存在短板。

（九）面向高阶思维培养的教育人工智能应用伦理安全问题

人工智能应用是一把双刃剑，基辛格曾警告称"人工智能的技术革命后果，我们没有完全考虑，其高潮可能是一个依赖数据和算法驱动、不受伦理或哲学规范支配的机器世界"。随着机器智能化和教育大数据的应用，数据安全与隐私保护、数据投喂与信息偏食已经成为教育人工智能应用无法回避的重要议题。一方面，教育数据需要合理存储、管理和保护。如多模态生物特征识别与学习分析技术借助多种智能设备来多方位采集、分析、反馈学习数据，在改善教学的同时，也可能使学习者的隐私"透明化"，个人信息容易遭到泄露。另一方面，人工智能技术的不当教育应用也有引发学习者思维退化的风险。如联合国教科文组织发布的《教育中的人工智能：可持续发展的挑战和机遇》指出，人工智能可以像人类一样思考、决策、解决问题，在机器认知、思维能力不断提升的同时，学习者可能持续囿于浅层思考、碎片化学习和信息茧房之中，视野受到局限，问题解决存在阻碍，高阶思维能力也难以得到有效发展。目前，教育人工智能应用于培养学习者高阶思维的伦理规范尚不甚完善，亟须通过相关政策法规加强伦理道德意识，规范运用智能技术，科学构建面向高阶思维培养的智能环境，保障学习者的数据安全、个人隐私和主体意识不受侵犯。

（十）智能时代的计算思维与设计思维培养

国内外许多研究者就智能技术环境中的计算思维、设计思维展开了持续探讨。其中，计算思维作为一种通过计算机或人机协同进行问题求解的高阶思维过程，是多种思维技能的交互与综合。如陈国良等人认为，随着人工智能的发展，计算机科学、生物学、物理学等STEM相关技术类学科领域中的计算模型得到了创新，计算思维的内涵因此不断丰富和更新。同时，非技术类学科课程中的计算思维培养同样引起了研究者的新思考。已有研究分析了体育课和艺术课的教学案例，发现任课教师分别根据具体的教学目标利用教育机器人辅助教学过程，可以帮助学生培养计算思维能力。

此外，21世纪人才培养对创造力的重视推动了设计思维在理论建构和课程实施等方面的尝试。首先，智能技术推动学习者设计思维的转化，使创意不再局限于思维层面。如杨绪辉针对信息技术在设计思维培养中发挥的作用，指出智能化技术可以帮助学习者降低感知难度，便于设计思维外显化。其次，智能技术支持的设计思维培养强调跨学科融合、跨媒介交互。如在STEM教育和创客教育中，学习者可以借助扩展现实眼镜实现泛在交互，通过数字孪生和3D打印实现快速原型设计及创造。作为高阶思维发展的新趋向，计算思维和设计思维的培养离不开智能技术手段支撑和教学方法指导。未来可以重点关注智能环境搭建、智能支架帮扶、智能资源推送等的理论探讨与实践应用。

三、教育人工智能推动高阶思维发展新趋势

（一）教育人工智能关键技术与高阶思维培养

教育人工智能是人工智能在教育中的应用，以多样性数据、机器学习与深度学习算法模型、数据运算能力为基础要素，从基础、感知、认知和应用四个层面对学习者高阶思维培养产生重要影响，如图2-2-1所示。

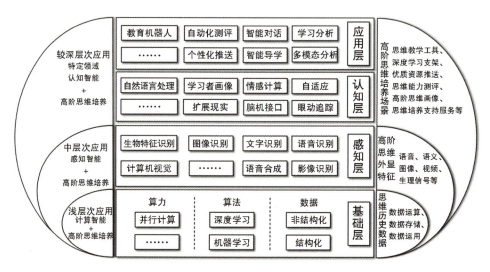

图2-2-1 教育人工智能关键技术及应用框架

面向学习者思维培养的教育人工智能应用可以划分为三个层级。①浅层次应用，即"计算智能+高阶思维培养"，突出技术针对思维数据的运算速度与存储能力。例如，协同过滤推荐算法根据学习者思维发展相关的历史数据，为各种思维发展水平的学习者推荐学习资源。②中层次应用，即"感知智能+高阶思维培养"，突出技术感知学习者高阶思维外显特征信息的能力。例如，通过语音识别、文本转录、生理信号感知等技术对学习者思维培养进行效果评价。③较深层次应用，即"特定领域认知智能+高阶思维培养"，突出智能技术在特定领域或场景中的认知推理能力。即教育人工智能与特定领域的知识体系相结合，根据需要建构模型或开发新算法，如通过构建学科知识图谱和学习者画像，评估和预测学习者高阶思维发展水平，实现个性化的学习资源推送等。未来，随着技术的不断进步，人工智能将由当前简单智力延展的弱AI走向高阶智力创变的强AI，乃至充满幻想色彩的超AI，适用于更多学习者高阶思维培养场景的教育人工智能应用将迎来更大发展，并产生更深层次的作用。

（二）总结与反思

（1）总结分析：多角度梳理研究进展及发展趋势人工智能为新时期人才培养和教育变革赋予了新动能，更加强调学习者创造力、批判性思维等关键能力的提升。结合前述综述，本书从所涉及的技术手段、关键要点和待深入研究空间梳理了人工智能赋能学习者高阶思维的十类研究方向，以体现未来相关研究的重要发展趋势，如表2-2-1所示。人工智能支持学习者高阶思维培养的研究关键涉及技术发展、理论支撑、应用拓展等多个方面，既应关注数据、算法对高阶思维特征的解释与提升，也应关注教育人工智能关键技术在实践应用中面临的具体问题。人工智能赋能高阶思维培养绝非仅靠单一技术手段支持、单一学科理论支撑、单一场景应用，而是需要发挥教育人工智能在交叉学科领域中的突出优势，在赋能高阶思维培养中实现理论创新、技术升级与实践深化并重。

表 2-2-1　人工智能赋能学习者高阶思维的研究方向

研究方向	涉及的人工智能技术	关键要点	待深入的研究空间
学习者思维特征建模	大数据、机器学习、深度学习等。	扩大数据采集范围；促进大规模应用。	对高阶思维特征进行更深度的挖掘和表征；加强多源多维数据的关联与聚合，促进学习者思维特征模型的应用实践效果。
高阶思维培养风险预测	学习分析、机器学习、深度学习、文字识别、图像识别、情感计算等。	预测目标：识别思维发展缺口和预测学困生；分析对象：结构化数据和非结构化数据。	进一步关注数据的质量、价值和多样性；结合具体思维教学场景，提高分析技术的计算力、认知力和感知力，加深技术在高阶思维培养风险预测中的应用程度。
沉浸式学习促进高阶思维发展	扩展现实、自适应、影像识别、生物特征识别等。	拓展学习环境边界；有助于深层次学习。	增加对深层次知识传递和再造问题的关注；提高扩展现实技术的感知力和认知力，优化学习者高阶思维发展的沉浸式体验。
高阶思维发展的指导与辅助	机器人、自然语言处理、自适应、计算机视觉、语言合成、智能对话等。	引导学习者深层次认知；提供新的学习理念和方式；课内外教学促进高阶思维发展。	加强教育机器人与学习者的深度交互，引导学习者深层次认知和思考；提高教育机器人的认知能力，为学习者高阶思维的发展提供更具适应性、更高质量的服务支持。
高阶思维的个性化发展	自适应、学习分析、自动化测评、知识追踪、个性化推送等。	及时调整试题难度；自动匹配学习资源及干预措施；构建自组织学习网络。	提高自适应技术在思维评测中的准确性；结合具体教学场景，推动自适应技术培养学习者高阶思维的深层次应用。

（续表）

研究方向	涉及的人工智能技术	关键要点	待深入的研究空间
机器与学习者的人机思维交互	脑机接口、语音识别、手势识别、人机交互、眼动追踪等。	记录思维发展全过程；大脑思维活动与外界环境直接通信；完善学习模型与学习系统。	扩大学习者样本量；构建更科学、更全面的高阶思维特征指标；加强技术设备的安全稳定性，保护学习者个人隐私，增强脑机接口在高阶思维培养中的适用性和接受度。
思维发展过程追踪	多模态分析、生物特征识别、学习分析、语音、文字和图像识别等。	降低单模态数据分析的错误率；提高思维特征识别的精确度。	关注多模态数据与学习者思维特征的有意义关联；提高多模态数据识别的准确性和数据采集的真实性。
高阶思维潜能激发	情感计算、学习分析、多模态分析、文字识别、图像识别、语音识别、计算机视觉等。	积极情感有助于潜能激发；精准识别和有效反馈学习情感。	进一步探究学习过程中"情感—行为—认知"的深层次演化规律；厘清学习情感对高阶思维发展的具体作用机制等；基于情感计算构建高阶思维培养策略与模型，实现在思维培养中的较深层次应用。
技术应用伦理与安全	—	教育数据需要合理存储、管理和保护；学习者面临思维退化风险。	明晰教育人工智能支持学习者高阶思维培养的相关伦理机制；加强技术应用规范引导和机制保障。
计算思维与设计思维培养	—	教育人工智能促进计算思维和设计思维新发展；跨学科培养计算思维；强调跨学科融合、跨媒介交互培养设计思维。	提高人工智能的计算力、感知力和认知力，重点关注智能学习环境搭建、智能学习支架帮扶、智能学习资源推送等对高阶思维培养的促进作用。

（2）研究视角：迈向跨学科、超学科的深度融合人工智能时代是众多学科交叉汇聚的大科学时代。教育人工智能的发展得益于计算机科学、教育学、心理学、神经科学等多学科、多领域的融合，科学有效的前沿研究更加需要跨越甚至超越学科边界。研究者要具备跨界思维，加强国际交流和合作共享的意识，构建人工智能与教育学科协同创新的跨学科发展平台，有效整合多学科的优质资源，形成具有独特性和稳定性的学术研究共同体。在人工智能赋能高阶思维培养研究中模糊学科边界，打破领域之间的壁垒，有利于拓宽思路，探索发现新的研究领域。这既要求研究者参考、吸收人工智能领域的技术手段和研究范式，又需要研究者结合思维教学法和教育研究的独特规律，充分挖掘各学科优势潜能，在多学科的交融与渗透中审视、借鉴、融合，实现研究理论、研究方法、研究技术上的交叉创新。

（3）研究途径：促进"理论—技术—实践"同向而行人工智能的赋能，并不等于技术的简单应用，而是要把科学研究作为智能技术升级、教学理论创新、实践应用推广的内生变量，推动研究范式转变、科研成果转化和高阶思维框架重构。首先，目前社会科学研究正逐渐向数据循证的范式转变，多数研究正倾向于采用混合研究工具与方法；同时也要审视盲目追求数据规模的技术野心，而强调数据的真实有效性和多样性。其次，尽管研究者一直致力于高阶思维培养与应用新技术的个案研究，而前沿研究的成果转化与实践推广同样需要得到重视。理论研究者应加强与教学实践者及技术开发者的互补合作，促进成果转化和规模化推广。最后，人工智能技术将对构建教育新生态产生深远影响，研究者应在原有理论的基础上重构高阶思维框架，促进教学实践模式创新，丰富和推动教育教学理论的发展。

（三）启示与展望

1. 教育人工智能应用图景：升级与突破

第四次工业革命的到来推动着技术对教育的赋能、创新与重塑，学习者对复杂问题的思考也将以全新的方式得到诠释和改变。一方面，人工智能从弱

AI、强AI到超AI的技术升级势必对人才培养规模的需求产生巨大影响。贯穿工业化理念的思维模式及教育体系正面临消解重构，培养学习者设计思维、创新思维、创造性思维等高阶思维将受到更多关注。另一方面，现有智能技术发展水平的限制、算法"黑箱"属性对深层次特征分析的缺失等问题，导致实际应用还难以对高阶思维进行深层解析和有效干预。因此，研究者需要着力突破智能技术的认知瓶颈，在减少技术对学习者思维发展产生负面影响的同时，加快提升人工智能在教育应用中的感知能力与计算水平，深入推动人工智能实现学习者高阶思维培养方式的创新与变革。此外，研究者还应打破技术应用边界，通过构建人机协同的生态系统，拓展学习者高阶思维培养的数据来源及应用场景，促进人工智能与学习者高阶思维培养的深度融合。科技部、教育部等六部门在《关于加快场景创新以人工智能高水平应用促进经济高质量发展的指导意见》中提出要在教育领域"持续挖掘人工智能应用场景机会"，为教育人工智能的高水平、深层次应用提供了重要指向。高阶思维培养是教育人工智能场景创新和应用突破的重要内容，未来相关研究应在课堂教学、教师教研、资源建设、智慧校园等重要应用场景中积极探索促进学习者思维发展的技术支持形态，提升场景创新的算力支撑，持续深入挖掘人工智能在学习者高阶思维培养中的新潜能。

2.高阶思维培养范式转变：融合与多元

目前，人工智能技术更迭迅速。学习者既要摆脱"机器化""工业化"的学习方式，又要避免技术"失速"发展造成的思维禁锢与失衡。因此，研究者应关注科学理性下的人文反思，关注学习者与机器之间的协同关系，创新高阶思维培养方式，以智能技术与智慧教学法共同助力思维发展。第一，应重视学习者思维培养过程中科技与人文要素的平衡与融通，关注批判性思维、创造性思维、人文性思维的综合。第二，处理好学习者与智能机器之间的关系。随着人机协同向纵深发展，应引导学习者使用、理解、适应人工智能技术并与之共同进化，以人工智能强化人类智能。第三，突破传统高阶思维的培养途径，利用人工智能整合优质资源，发挥学习者的能动性。如借助智能化学习工具和认知帮扶支架，帮助学习者在学习中有效地组织观点、综合分析、逻辑推理、批判创新。智能时代新兴技术推动教学变革，教学变革呼唤培养范式的革新，基于人工智能的学习者高阶思维培养范式的转变绝不仅仅体现于学习者单一主体角色的发展变化，还需考虑教师、技术等关键要素的作用和影响。首先，作为学习者学习和发展的指导者，教师培养学习者高阶思维须以自身所具备的高阶思维能力和素养为前提，并能够利用人工智能技术和相关教学教法为学习者的思维发展提供支持。其次，多种智能技术的融合应用能够为教师培养学习者的高阶思维提供更多的探索与实践空间，促进高阶思维培养和发展模式的优化创新。可见，除探讨技术与学习者本身的协同关系之外，相关研究还应关注智能时代促进学习者高阶思维培养的教师角色定位、教学教法以及"教师—学生—机器"三者的协同作用关系等问题。

3.思维评价体系建立：价值引领与风险规避

小胜在智，大胜在德。习近平指出："人无德不立，育人的根本在于立德"。智能时代的学习者高阶思维培养要从立德树人的根本任务出发，推动思维评价体系的重构与完善。目前，针对学习者高阶思维的评价仍然存在顶层设计不足、评价指标与培养途径"两张皮"、数据割裂等问题。因此，首先要加强顶层设计，明确思维培养在人才培养目标中的关键定位，关注学习者高阶思维发展特点及其在个人成长中体现的价值，全学段、立体化构建相应的思维评价指标体系。其次，合理利用学习者建模、多模态数据分析、知识追踪等手段高效汇聚思维发展数据，透过学习者外在行为表现深度挖掘内隐的能力、技能、情感等特征，实现对高阶思维培养目标的精准定位和个性化预测。最后，摆脱实践应用中对数据和算法的过度依赖，通过建立健全测评技术使用的伦理规范和保障机制，既向学习者提供数据安全和个人隐私合法性的保护，也为应对未来人工智能偏离学习者思维培养预期、思维评价和人才培养导向异化风险等做好相应的预案。

拓展资源

· 祝智庭,戴岭,赵晓伟,等.新质人才培养:数智时代教育的新使命[J].电化教育研究,2024,45(1):52-60.

· 张治,程抒一,王天蓉.基于计算教育学的人工智能课堂分析框架和技术实现[J].开放教育研究,2024,30(5):87-100.

· 张缨斌,吴若乔,何雨轩,等.感知情境与人在回路的智能教育:《人工智能与教学的未来:见解与提议》要点与反思[J].开放教育研究,2023,29(4):11-20.

· 严奕峰,丁杰,高赢,等.生成式人工智能赋能数字时代育人转型[J].开放教育研究,2024,30(2):42-48.

· 王竹立,吴彦茹,王云.数智时代的育人理念与人才培养模式[J].电化教育研究,2024,45(2):13-19.

· 苏旭东.数智时代的"人师"与"机师"协同教学[J].开放教育研究,2024,30(4):46-52.

· 刘凯.人工智能与教育学融合的双重范式变革[J].开放教育研究,2023,29(3):4-18.

· 兰国帅,肖琪,宋帆,等.培养人工智能时代负责任和有创造力的公民:联合国教科文组织《学生人工智能能力框架》报告要点与思考[J].开放教育研究,2024,30(5):17-26.

· 胡小勇,孙硕,杨文杰,等.人工智能赋能:学习者高阶思维培养何处去[J].中国电化教育,2022,(12):84-92.

· 陈港,孙元涛.数智时代学生的主体性反思与重构:基于人技关系的思考[J].中国电化教育,2023,(10):18-25.

模块三

依靠学习，教师素养新提升

"惟有学而不厌的先生，才能教出学而不厌的学生。"

——陶行知

3-1

教师智能教育素养框架与内涵

　　"人工智能"一词入选"2017年度中国媒体十大流行语"，标志着智能化社会全面到来。随后，人工智能融入教育信息化2.0发展轨道。2018年，《教育部办公厅关于开展人工智能助推教师队伍建设行动试点工作的通知》提出，要提升教师的智能教育素养。2019年，《教育部关于实施全国中小学教师信息技术应用能力提升工程2.0的意见》指出，教师需要主动适应人工智能等新技术变革，形成智能化教育意识，掌握智能化教育工具，探索跨学科教学、智能化教育等教育教学新模式。2021年，《教育部办公厅关于开展第二批人工智能助推教师队伍建设试点推荐遴选工作的通知》再次提出要提升教师智能教育素养，为智能教育培育一批"领头雁"。2022年，《教育部等八部门关于印发新时代基础教育强师计划的通知》再次强调要深入实施人工智能助推教师队伍建设试点行动，进一步挖掘和发挥教师在人工智能与教育融合中的作用。目前，教师的智能教育素养研究与实践尚处于探索阶段，智能教育素养、人工智能素养、人工智能教育素养等概念被兼收并用。然而，一线教育研究者与实践者缺乏对其根基来源、内涵定位、发展目标、要素解构的清晰认识。因此，我们有必要对智能时代教师适应和开展智能化教育所必备的专业知识、专业技能、专业思维等进行分析，阐述教师智能教育素养的概念，并构建理论分析框架，厘清其核心要素。

一、面向 K-12 的智能教育发展正当时

技术进化与更新是推动教育形态发生变革的重要推动力。信息高速公路是教育信息化开端的标志；移动技术和开放教育资源运动（开放式课件、慕课等）促进了教育信息化的规模化和常态化；泛在智能技术与物联网撬动了教育信息化的智能按钮，迎来了个性化教学的智能教育发展新趋势。

（一）智能教育相关概念的发展图谱

从政策发展信息图谱（见图3-1-1）和国内学术研究来看，智能技术作为教育支撑环境、教学应用方式的关键概念主要有智能教育、人工智能教育、智慧教育、教育人工智能等。其中，李勖等较早提出"智能教育"一词，指出它是实现大规模个性化教育的技术手段。张剑平提出了人工智能教育，其意在将人工智能作为高中信息技术系列课程的选修课程，选择人工智能实际应用问题开展教学，培养学习者的逻辑思维能力。2012年，有学者提出"智慧教育""智慧教室"和"智慧校园"。随着国内学界与国际交流融合的深入，部分学者开始使用教育人工智能。另外，以教育信息化2.0为重要分界点，之前的相关概念以学术研究和着重基建的政策导向为引领，之后体现为学术研究、基建应用和能力提升的政策支持的融合深化。其中，2012—2017年，国家教育政策主要涉及智能教室、智慧校园、智能学习平台等硬件环境建设。《新一代人工智能发展规划》开始引导智能技术教学应用和开设中小学人工智能课程。2018—2024年间涉及该领域的国家教育政策密集发布，关注的内容和范围愈加广泛，

主要包括智能学习环境与资源建设、智能技术教学应用、智能教育教师能力发展、人工智能课程建设与应用四个方面。比如，《教育信息化2.0行动计划》强调智能学习环境与资源建设以及智能技术教学应用，《关于开展人工智能助推教师队伍建设行动试点工作的通知》《关于加强新时代乡村教师队伍建设的意见》等文件则关注智能技术教学应用、智能教育教师能力发展以及人工智能教育课程建设等关键环节。

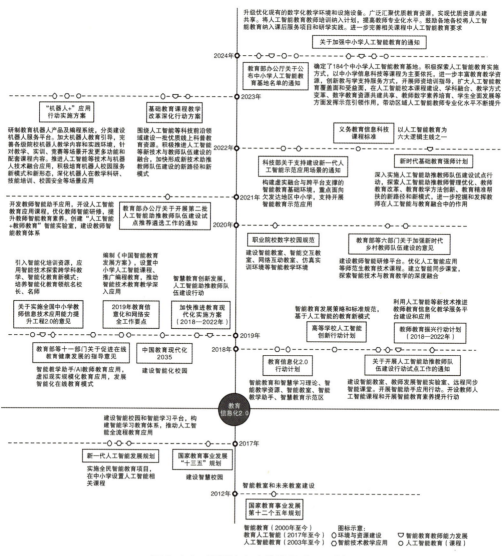

图 3-1-1　智能教育政策发展阶段图谱

（二）智能教育相关概念的内在关系

人工智能教育侧重于教学科目，智能教育则强调教育融合，各有侧重。目前学界提出智能教育包含以智能技术为环境与工具支持的教育、以人工智能为内容的教育、以智能培养为目的的教育等三层内涵。不同学者在不同阶段提及的智能教育大多偏重于以智能技术为学习环境与工具支持的教育。智能教育可分为计算机辅助教学、智能导学系统和智能教育体系三种发展形态即为典型的观点印证。需注意的是，科目视角下的人工智能教育强调以人工智能为内容，在教学技术与方法上同样涉及智能技术的学习环境支持，并关注学习者的认知和情感智能、人工智能素养和人工智能专业知识学习。但智能教育可以面向K-12不同学科的教师群体，人工智能教育更大程度上仅限于K-12信息技术学科或通用技术学科教师。因此，智能教育的适用范畴大于人工智能教育，且两者在关注焦点和适应学科教师群体上存在较大差异。

教育人工智能涉及人工智能、学习科学、心理学、教育学等不同学科的交叉融合，且重在通过人工智能技术更深入、更微观地窥视和理解学习发生的原理与机制，使用智能学习工具为学习者高效学习创造条件。这与多年来持续召开的"教育人工智能国际会议"的理念与主题基本一致。技术视角下的教育人工智能指在教育领域应用的人工智能技术及系统，其凭借高度智能化、自动化和高精准性的数据分析处理能力与主动学习能力有效解决系列教育问题，如自动问答技术解决学习者的提问、自动作业评阅提供认知反馈、情感感知识别满足个性化情感需求、角色模拟促进学习交互等。随后，有学者提出教育人工智能，这是一种超学科形态的人本人工智能教育应用新范式，涵盖学人工智能、用人工智能、创人工智能，以人和机器的交互与协作为研究对象，理解教育活动并揭示其规律，促进人与机器共同发展。

关于智能教育、人工智能教育、教育人工智能的相互关系，有学者认为人工智能教育是人工智能与教育融合的初级阶段，教育人工智能是人工智能与教育的深度融合阶段，并致力于培养和提升人工智能时代原住民的学习力、沟通力和创造力。同时，有学者提出智能教育具有促进智能发展和智能化教育的双重功能，包括人工智能教育和教育人工智能两大方向，但主要集中在教育人工智能方向，分为早期教学机器、计算机辅助教学、智能计算机辅助教学、自适应学习与智适应学习四个演进阶段，具有数据驱动、自学习能力、人机协同、个性化定制等关键特点，应用场景覆盖智能辅导、微格教学、自适应学习、沉浸学习、自动测评、课堂评价、数据决策、智能管理等。

综上，本书认为人工智能教育是以教授或习得人工智能知识为核心的教与学实践，在中小学主要指信息技术学科的人工智能课程。基于课程与教学融合的发展理念，智能教育在吸纳教育人工智能已有研究成果的基础上，通过教育人工智能技术促进和提升教学智能化，且强调以生态进化的理念和学习科学视角审视智能教育的使命和可持续发展过程，即不同学科教师运用教育人工智能技术开展精准化学科教学创新和跨学科融合实践，培养学习者主动适应智能学习、发展创造智能等高层次智能。

二、胜任智能教育，K-12 教师需要怎样的智能教育素养

素养涵盖知识和能力，呈现动态性和生成性特征。其中，知识是静态的素养观测和描述，能力是知识在问题情境下的动态素养，素养天然具备态度、情意和价值等意蕴。有学者将其关系结构形象地表述为"素养=（知识+能力）×态度"。素养代表人的思维方式，是高级心智能力，具有批判性、创造性运用知识和解决问题等实践特征，并被视为一种有思考的经验，标识着人的人格和存在状态，具有道德意蕴和价值评判意蕴。数据资料—信息—知识—能力—素养的通达转化过程表明了知识、能力与素养之间的发展过程，知识意义化（理解知识）、知识功能化（实践应用）、知识素养化（迁移创新）体现了知识、能力和素养之间的转化规律。

（一）面向 K-12 教师的智能教育素养研究述评

智能技术与教师、智能技术与教育教学等层面的关系可作为K-12教师智能

教育素养研究的分析线索。

（1）"智能技术+教师"层面，智能教育素养关注教师关于教育人工智能的知识、应用能力及价值评判。其一，教师认识自身与教育人工智能技术之间的关系，即存在机器主导、人类主导和人机结合等三种类型，教师对智能技术的认知界定（角色扮演）、关系建构（融合程度）与价值判断（意义建构），具有影响局部教学效率提升、教师行动新样式创造、人与技术相互形塑等不同层次的作用。其二，教师知晓并分析教育人工智能技术的功能，即具有扮演AI代理（处理低层次、机械性、重复性教学工作）、AI助手（识别复杂多变的教学信息）、AI导师（分析学习者的认知和行为模式）、AI伙伴（实现教学主体的交互协同）等多种作用。其三，教师应用教育人工智能技术开展实践行动，即存在学习AI基本原理、利用AI自我提升、使用AI开展教学、传播AI教学经验等多种实践形式。

（2）"智能技术+教育教学"层面，智能教育素养涉及K−12教师的教学技术知识、需求能动力及其个性倾向。在教学技术知识上，人工智能技术作为教学内容渗入学科教学，成为教师专业知识体系的重要组成部分，是学习者不可或缺的学科学习内容。在需求能动力上，教师至少需要学习并掌握以下能力：①运用人工智能系统评估与应用人工智能教育产品；②解释由人工智能技术支持系统提供的数据，并通过有效反馈推进学习与教学；③管理人力资源和人工智能资源，理解计算思维和数字技能新框架；④利用人工智能完成重复性任务；⑤指导学习者获得难以被机器取代的技能；⑥灵活选择和熟练操作智能课堂设备等；⑦强调教学设计创新、教学反馈与评价，以及智能技术与教师专业发展的整合与创新。

在个性化倾向上，教师需要转变角色、创新理念与视角：①基于人机协同共生关系，教师角色应从知识传递者转化为创造性活动的实施者、规则性活动的设计者、人工智能教师活动建模的指导者；②学习者、智能体和教师以知识共生为核心开展教与学，关照教育人工智能技术的设计、开发和学习模式构建。

（二）智能教育素养的内涵及特征

素养的核心是创意，智能教育素养以"素养为统领、创意为内核"，教师基于知识、能力、思维及文化践行协同发展，借助教育人工智能赋能师生创意协同共生的教育实践过程。这其中包含三重意蕴。

其一，赋能教师专业发展，彰显内生性、关联性、持续性。从日常生活的复杂现实问题解决到特定领域的专业问题解决都蕴含着创意，它在素养层面呈现一个发展连续体，表现为特定问题所需信息、知识或技能变动性之间的复杂交互。正如缺乏创意的"教育机器"难以培育出有生命活力的未来公民，创意是教师教学实践成功的根本。纯粹技术主义取向的专业标准往往将教师视为"教育技术人员"和"知识测试人员"，低估教师回应教育情境和学生需要所应扮演的知识创生者角色。

其二，以创意传递、创意互动和创意生成满足学习者的创意智能发展需求。目前，学习者发展核心素养是智能时代教育的刚需，且创意或创造力已成为国际教育共同关注的通用核心素养之一，并关乎学习者的终身有效学习。从教育发展形态及目标看，运用并发挥教育人工智能技术全面启发学习者的创造力、培养高层次思维技能已成为共识。韩国颁布的《智能信息社会背景下中长期教育政策方向和战略》将培养思考能力、问题解决能力和创造力作为2016—2030年教育发展的五个方向之一。从学习方式看，"智能学习"着重以富有创意的实施形态和方法体系处理系统知识学习与关键能力发展之间的关系。

其三，智能教育蕴藏着激发、培育、生成人类创意的技术教育应用价值与发展优势。技术的价值体现为"把平常事做得更好"和"做更好的事情"，后者涵盖一般信息技术无法完成的事情，却正是智能技术教育应用的优势潜能和价值所在。智能问答机器人在学习领域的应用有助于提升批判性思维、增强创造性思维，甚至是形成反思性思维。智慧学习环境设计范式内含微创新思维，以创新创造为驱动力，关注创新者，并以促进和实现智学、智睿、智造为目标。

（三）面向 K-12 教师的智能教育素养分析框架与发展目标

事物的发展状态及结果都是人与环境交互作用的产物，依存于教育实践主体而存在的智能教育素养同样遵循这一发展逻辑与实践规律。概言之，智能教育素养的分析框架建立在"以角色重构"和"以环境为支撑"的关键文化发展境脉基础上。

其中，角色重构的核心基点包括创意教学设计者、创意智能教学行动者、创意智能学习示范者、智慧型教师引领者四重角色。这既是智能教育素养框架构建的基础，也明确指向其具体的发展目标：针对创意教学设计者角色，智能教育素养要求教师具备丰富的创意知识储备、更新教学法理论与实践知识、拓展教育人工智能技术知识和借鉴吸纳技术中的设计文化。教育思维既是教师专业发展和课堂／课程创新的有机连接点，也是教学与技术有效应用的融合点。因此，教师要具备教育思维、设计思维、计算思维、数据思维，并将其有机融入育人目标、教学内容、教学过程以及学习评价中，增强智能创意教学能力，以思维发展带动教学专业发展，提升课程与课堂的创新发展层次。针对创意智能学习示范者角色，智能教育素养使教师成为科学、合理使用人工智能技术开展智能学习、高效参与社会性活动的新型数字公民，发挥对学习者的示范引导作用。智慧型教师引领者角色强调教师通过参与人工智能教育实践，发挥对专业同行的影响力和领导力。

境脉是环境的具象，智能教育素养的促发依赖于境脉提供的情境给养、技术给养、功能给养、认知给养、交互给养、感知给养等。因此，智能教育素养的三个关键文化发展境脉包括课堂学习文化境脉、社会活动文化境脉、教育人工智能技术文化境脉。其中，课堂学习文化境脉为智能教育素养的生成与发展提供了情境给养，社会活动文化境脉为其提供了认知给养和交互给养，教育人工智能技术文化境脉为其提供了技术给养、功能给养、感知给养和认知给养。值得注意的是，三类关键境脉之间的交互关系体现为社会文化活动境脉和教育人工智能技术文化境脉服务课堂学习文化境脉，为其注入持续性创新和变革性创新的强大动力。

三、面向 K-12 教师的智能教育素养结构及构成要素

聚焦K-12教师群体，本书将智能教育素养的结构划分为知识基础层、能力聚合层、思维支撑层、文化价值深化层。知识基础层包括创意知识、教学法知识、教育人工智能技术知识；能力聚合层包括创意教学设计者、融合教育人工智能技术的创意教学行动者、创意智能学习示范者、智慧型教师引领者；思维支撑层包括教育思维、设计思维、计算思维和数据思维；文化价值深化层包括课堂学习文化境脉、社会活动文化境脉和教育人工智能技术文化境脉中的具体文化涵养及价值观（见图3-1-2）。

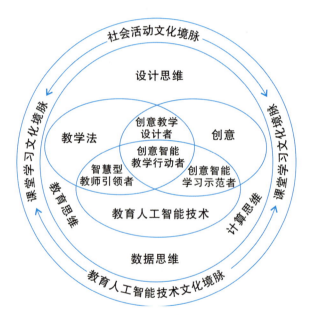

图 3-1-2　面向 K-12 教师的智能教育素养结构与构成要素

（一）智能教育素养的知识基础层

1.创意知识

创意是主体性的本质特征，是主体社会性、自主性和能动性高度发展的表现。它在内容层面包括创意过程、创意产品、创意个人、创意环境四个方

面。创意是在特定的社会环境下，通过创意技能、领域相关技能和内部任务动机的交互作用产生的。创意有微C（Mini-C）、小C（Little-C）、专业C（Professional-C）和大C（Big-C）四种。其中，微C指个体在学习过程中对经历、活动等进行的有意义解释，小C指日常生活中解决问题的能力及相关创造力，专业C指具有某种专业或职业素养的人展现出来的创造力，大C指卓越创造力。

创意是产生新颖而有价值的想法的能力，包括创意潜能、使用并创造富有创造性产品两大核心内容。林崇德认为创意是根据一定的目的，运用一切已知信息，产生新颖、独特、有社会价值或个人价值的某种思维成果的智力品质。其中，思维成果包括新概念、新设想、新理论或新技术、新工艺、新产品等。雷斯尼克提出创意思考螺旋概念，认为创意思考是一个"想象—创造—制作—分享—反思—再想象"的螺旋式上升迭代过程。

由此，K-12教师的创意涵盖以下维度。

（1）具备创意动机，即在教学实践中勇于突破常规思维，具有强烈的创新动机，体现其不拘一格。

（2）具备创意学习的知识，即能够在教育教学相关理论知识、学科内容知识的学习解读中形成自己的新认识、新观点、新思维，并知晓课堂教学、课堂管理和教学科研的创新方法。

（3）具备创意行为意向，即洞悉国家教育人工智能相关政策中出现的教学改革新意图、新举措、新项目，能多视角识别与阐述不同类型课堂及课程具有的创新特征。

2. 教学法知识

教学实践有效性很大程度上依赖于教学法的变革。教学法知识是关于教与学的过程、实践或方法的深层次知识，是一种通用的知识类型，能被用于学习者学习、课堂管理、课程开发和实施、学习者评估，包含了课堂中的方法技巧应用知识、学习者特征知识和评估学习者理解的策略，要求教师对学习有丰富的认知，理解社会发展理论，并将其应用于课堂情境。赋权学习是智能社会的一种教学法，它通过在学习活动中以知识消费技术、学习体验技术、知识内容制作技术、捕捉/分析/生产技术、学习反思和交流技术、学习组织和管理技术等赋能学习者，强调学习者在探索、发现、创造中进行学习建构，创作真实的可应用于实践的作品，培养具备未来社会关键能力的赋权学习者。

由此，K-12教师在智能时代的教学法知识涵盖以下维度。

（1）新一代科学技术时代的学习者特征知识，即能识别和分析人工智能时代学习者的学习方式、学习行为及学习心理；能运用教育人工智能技术表征、模拟真实世界的学科内容知识及问题情境，满足学习者在智能时代的多模态学习行为与方式。

（2）综合化的教学理论知识，即宏观层面对育人目标、学习理念、学习方式、教学模式有丰富而深刻的认知，微观层面对学科教学法和跨学科教学法知识达到融合及创新层次的理解。

（3）基于学习技术应用的教学实践知识，即具备丰富的有效教学策略知识、智能课堂组织管理知识；能识别或设计真实世界的复杂问题，将其与课堂情境精准匹配；能设计支持学习者高阶思维能力发展、自主管理与规划的教学活动，并理解和分析这些教学活动的特征。

3. 教育人工智能技术知识

教育人工智能技术知识指教师对教学中可用的人工智能平台、工具、产品、资源的熟悉与理解，包括智能识别技术等面向学与教过程的人工智能技术，知识图谱技术、增强现实技术等面向教学内容的人工智能技术，以及智能教学系统、智慧学伴等整合性人工智能技术。

K-12教师需要具有了解、应用、分析和评价教育人工智能技术相关的知识，涵盖以下维度。

（1）设备操作与软硬件应用，即能熟练教学通用型教育人工智能技术和学科类教育人工智能技术，如使用智能可视化工具等适合学科知识的教育人工智能技术工具。

（2）具备学科教育人工智能技术工具的丰富知识储备，即能区分人工智能技术与教育人工智能技术、一般信息技术与教育人工智能技术的差异；了解教育人工智能技术的类型、功能及特点；能将教育人工智能技术与特定学科及课堂教学需求有机匹配，并阐述技术应用过程。

（3）具备教学通用型人工智能技术工具的丰富知识储备，即掌握加工、制作和管理数字教育资源的教育人工智能技术工具和方法。

（4）教育人工智能技术应用评估，即评价教育人工智能技术资源的恰切性和有用性，为技术应用意图的有效选择开发评价标准。

（二）智能教育素养的能力聚合层

1. 创意教学设计者

创意教学的真谛与追求是教与学的灵动、即兴、个性化，它能识别并满足学习者的认知交互、情感交互、社会交互及行为交互等学习体验需求。王筱竹等使用语音技能工具包，让学习者通过语音会话式交互学习程序设计技术，构建借助语音产生人机交互的新型程序设计辅助教学法，提升学习者学习计算机编程的兴趣和技能。

由此，K–12教师在人本人工智能应用新范式的前提下，秉持以学习者为中心的教学理念与方法开展的创意教学设计包括以下方面。

（1）激发创意教学设计理念，即以艺术和美学等视角观察并思考教学的设计、组织、实施、管理与评价。

（2）生成创意教学设计行为，即善于识别、借鉴、吸收新兴教育人工智能的技术设计创意，并将其融入学习设计技术与行为干预中，使技术创意与学习创意有机融合，生成更多的教学新理念与行动新创意。

（3）强化流畅创意学习体验，秉持"学习为本，学习引领教学"的理念，将学习者、设计者、分析者等角色融入并渗透到教学创造性实践中，帮助学习者获得流畅且富有创造灵感的学习体验与经历。

2. 创意智能教学行动者

专业参与及投入、数字创意资源、数字创意教学法、创意评估、赋能学习者等细致刻画了教师教学实践行动能力的深度内涵及新标准。在借鉴已有研究成果的基础上，结合建构的K-12教师智能教育素养结构，本书将数字智能创意资源设计与应用、数字智能创意教学法、数字智能创意评估纳入教师创意智能教学行动能力范畴。

其中，数字创意资源设计与应用包括识别、选择、修改和设计有助于生成创意教学灵感的数字资源。例如，对具备创意教学潜能的数字智能技术保持敏锐性；根据特定情境的课程目标和内容、资源（智能学习环境、智能技术设备、智能应用软件）、学习者特征、教学法综合辩证评价和选取智能化创意资源，以支持和促进教学；根据教学目标，融合多种思维形成数字智能资源教学应用的创意灵感。

数字智能创意教学法包括设计基于教育人工智能技术的创意学习环境、应用教育人工智能技术支持的创意教学策略，以及提升学习者创造力的课堂交互。众所周知，教师正面临着智能技术与教学法的深度融合和教学个性化等诸多挑战。教师需要与教育人工智能开发人员、学科教师和跨学科专家协同交流，整合教育人工智能技术为学习者开展精准化教学和个性化辅导，培育并提升创意教学能力。

数字智能创意评估主要包括主动参与促进学习者元认知和批判性思维的评估过程，使用教育人工智能技术评价学习者人工智能素养、基础性核心素养及创造力。例如，教师可运用教育人工智能技术跟踪、监测学习者的学习过程和学习结果，开展学习段评估、学习性评估和学习化评估，激励学习者批判性反思自己的学习路径、学习能力和学习投入度等；根据创意的评价标准和发展阶段，为诊断和优化学习者创意能力培养开发智能化的创意评估工具。

由此，K-12教师在创意智能教学的能力涵盖以下维度及内容。

（1）数字创意资源设计与应用。其一，善用多模态技术设计创造型学习环境。例如，教师能够创造性重组已有教育人工智能技术，为学习者搭建多模态技术支持的激发创意的友好型学习环境，营造积极主动、开放包容的学习氛围和社交关系，促进学习者探究和创造。其二，善于通过教育人工智能技术制作、使用和分享不同形态的数字创意资源，支持学习者在不同情境下开展多模态学习活动。

（2）数字智能创意教学法，即强调教育人工智能技术创新教学策略与学习方式。例如，计划、实施与研究提升学习者创意的教学策略，制作展示教育人工智能技术应用和创意教学过程的教学设计，并理解何时以及如何在课堂学习活动中使用教育人工智能技术；设计让学习者参与协作问题解决、项目式学习、学习产品创作的教育人工智能资源及技术应用活动，促进学习者深入探索学科知识与复杂问题解决。

（3）数字智能创意评估。其一，评估教育人工智能教学实践过程及效果。例如，描述并反思教育人工智能技术的应用过程及效果（它们是如何促进学习者理解和应用学科知识，如何支持不同类型的学习方式，解释和分析教育人工智能技术的应用原则与方法等）。其二，通过设计、修改和实施基于教育人工智能技术的课堂实践，提供优秀的展示案例。其三，为诊断和优化学习者创意能力开发智能化的创意评估工具，支持开展学习段评估、学习性评估和学习化评估。

3. 创意智能学习示范者

未来社会属于能适应人工智能技术发展应用，且具备超越人工"智能"潜能的创意型公民。这表明，教师自身要成为创意智能学习者，并作为学习者的楷模和培育者，通过教育人工智能教学实践发展学习者的人工智能素养、创意智能以及基础性核心素养。研究表明，人工智能导致劳动力市场的技能需求发生变化，我国劳动力市场对非程序性认知技能（分析数据或信息、创造性思维、理解外界信息）、非程序性非认知技能（建立和维护人际关系、调配和激励下属、指导他人）以及程序性认知技能（注重准确性和精准性、工作的结构化程度等）的需求不断上升，对程序性身体技能和非程序性身体技能的需求在不断下降。同时，创造力是人工智能技术的重要能力之一，展现的是产生新思想、新发现和创造新事物的综合性能力，是学习者未来发展竞争力的关键。此外，设计与创意还可促进个体的成长型思维发展，帮助教师缓解、适应、解决教育人工智能技术教学应用面临的认知障碍和情绪情感问题，成为具有丰富经历和指导能力的创意智能学习示范者。

由此，K-12教师作为创意智能学习示范者的能力涵盖以下维度及内容。

（1）平衡、健康和文明应用教育人工智能技术的创意使用者，能运用教育人工智能技术为自我学习及团队学习创造合适的学习环境和协作关系；具备在教育教学工作情境及人际交流中安全、健康使用教育人工智能技术的自控力。

（2）创意思维的发现者和创意人造物的生产者，能在适当的时间、场合以适当的学习技术方式向学习者展示问题解决和创意生成的过程和方法，激发学习者的创意动机，提升创意生成能力。

4. 智慧型教师引领者

培养智慧型教师是教育面向未来的前提和基础，是实现教师专业成长的要义与目标。思维教学设计师、创客教育教练员、学习数据分析师、学习冰山潜航员是智慧型教师发展的创新路径，要求教师拥有出色的终身学习能力。《新一代人工智能发展规划》指出，要"实施全民智能教育项目，在中小学阶段设置人工智能相关课程""鼓励进行形式多样的人工智能科普创作"。《教育部办公厅关于开展人工智能助推教师队伍建设行动试点工作的通知》明确提出，要开展教师智能助手应用行动，开设人工智能课程培养未来教师，探索开展教师智能研修行动。这表明，K-12教师需要具备借助教育人工智能技术的学习储备开展智能教育的知识与能力，提升人工智能技术素养；通过教育人工智能技术的应用实践不断革新教学理念、重塑自身角色、优化专业能力结构，用自身的智能学习和智能创意教学引领学习者和同行的未来发展，实现从能力导向型教师向智慧型教师的飞跃。

由此，K-12教师在智慧型教师引领专业发展方面涵盖如下维度及内容。

（1）应用教育人工智能技术提升专业实践绩效，即具备教育人工智能技术应用技能，使用教育人工智能技术获取相关科目和教学法知识提升教学实践效率，提高学习者的学习质量。

（2）提升教育人工智能融合创新的洞察力与学习力，即能将教育人工智能资源与专业学习加以整合，具备运用教育人工智能支持课堂教学和教研的实践体验，并与同伴及外界专家开展交流，分享智能教育实践。

（3）发展智能教育研究与实践的教学领导力，即能参与或组织区域（或学校）的智能教育实践共同体，并作为创意榜样和知识创造楷模，促进智能创意教学。

（三）智能教育素养的思维支撑层

伴随着新科学技术的应用，智能时代公民生存发展所需的信息素养、设计思维、计算思维、数据思维等可用智能素养来统领。其中，技术层面的人工智能及其应用知识，能力思维层面的计算思维和数据思维已成为认可度较高的教师智能教育素养构成要素。具体来说，教师智能教育素养的思维支撑层主要包括教育思维、设计思维、计算思维以及数据思维。

1. 教育思维

教育思维是教师专业素养的核心，是比常规思维和学科专业思维更复杂的、综合的和动态的跨界元学科思维，可使教师适应未来教育的变化和创造性解决教育问题。

2. 设计思维

设计和思维相互依存、相互促进，形成具有生成性和创造性双重属性的设计思维。总体来看，设计思维具备针对技术变革情境解决教学问题和促进知识创造的优势效能。首先，设计是教师具备将自己置于创造者角色，运用新视角和新方法开展创造性活动，并通过行动理解的一项整体性技能。其次，"设计思维"寻求变化，正如技术整合的关键在于提升教师运用技术的"设计思维"，使教师能创造性地运用技术。改善现状并创造所期望的内容是创造性运用技术的关键，教师可借助设计思维重新组织或创造学习材料及活动。最后，教师TPACK知识发展蕴含技术性、社会性、生成性、设计性和实践性等需求。

3.计算思维

近年来，围绕计算教育伦理、教育主体计算、教育情境计算、教育服务计算为核心任务解释教育活动与问题的计算教育学研究范式兴起，对实现人才培养的个性化大有裨益。计算思维的本质是人们理解自然系统与社会系统的思维方法和思维活动，是使用科学工具抽象模拟以寻求问题解决最优化方案的系统过程，与技术工具、技术活动与技术思想有着紧密的关联度和结合性，同时也是创新性解决问题的基本思维方式和基础性技能。将其融合于K-12所有学科教学中，有助于明确教师作为创意者与设计者的角色定位，促进教育人工智能应用，并作为一种牵引促进教师智能教育素养的提升。

4.数据思维

数据思维是智能教育时代教师不可或缺的思维活动形态。从数据、信息、知识、智慧的发展层级看，数据是人类智慧生成的基础。从教育生态及教学要素的运行过程看，教师可借助教学过程中生成的各类教与学数据细微观察与有效考证教育现象与教学问题。从教育人工智能技术的发展看，数据是其赖以存在和可持续发展的重要基础和驱动力。具体来说，教师数据思维是教师对数据进行分析、比较、应用，创造性地形成解决教育问题的思路和方法，实现教育模式创新与变革的思维活动，具有数据关联、数据决策、效果评估审视、数据价值创造等特征。

由此，结合教育思维、设计思维、计算思维及数据思维的智能教育实践需要，K-12教师思维发展涵盖如下维度。

（1）敏锐精准识别教育关键问题，即能灵敏捕捉由理念、方法、技术等（如不同教育人工智能技术应用方式、学习方式、教学组织管理及评估）变革而衍生的教学问题，发挥多种思维的优势，妥善处理并形成系统化的教学问题解决方案。

（2）促进教育利益相关者之间的分布式协作与人机协同，即能理解并借鉴计算的协作思维、方式与特点，促进自身与学科同行协作、与跨学科同行协作、与学生协作，并支持学生间协作、学生与教育人工智能体协作等教学活动。

（3）生成数据驱动型教学思维和行为，即善于采集、处理、分析教学过程中生成的数据，理解数据代表的教学意义及隐藏的教学问题，并依据教学数据逻辑，关联设计数据驱动的循证式教学，提高教学的精准度、创新性和个性化。

（4）形成成长型教学心智模式，即能理解不同思维（如计算思维、设计思维、数据思维等）的核心理念和特征，并能灵活融合与转化，形成成长型教学心智模式，使其将这些思维活化，创造性转变为能培养学习者高阶思维的学习设计活动。

（四）智能教育素养的文化价值深化层

打上人类活动的烙印并赋予其意义是文化的本体及价值展现，文化之间的融合与共生是新的价值创造。每种境脉均有特有的文化及价值，课程抑或课堂有其独有的学习文化，人类个体及群体赖以生存的周边环境也有其特定的社会活动文化，技术尤其是教育人工智能技术的科技向善文化滋养着教育生态的物质文化、精神文化与制度文化。数字智能作为体现智慧和普适价值观的新一代核心能力要素，要求个体成为具有终身学习能力的技术价值主导者和创造者。概言之，就如系统论秉持有机整体观所持有的价值理念，不同文化之间只有交互融合才能汇聚成一股经久不衰的创价合力。又如，在"有素养的人"的诠释模型中有解谜者、讲故事者、工具使用者三种角色，这些角色体现了不同文化的交融对个体素养发展的功能、价值和影响。其中，解谜者关注发挥个体认知功能，将工具视为个体脑内计划和外部世界的被动中介；讲故事者强调情境对个体技能的生成和运用起关键作用，因为素养不仅包括实践表现和使用工具的技能，也重视对其社会意义的理解；工具使用者则将工具视为个体与环境积极对话的一部分，是对话和创新的解释性支架。

由此，结合课堂（课程）的学习文化、社会活动文化与教育人工智能技术文化的价值取向，并根据智能教育实践需要，K-12教师文化价值涵养及发展涵盖如下维度及内容。

（1）多元文化智能感知与互动，即借鉴社会文化的认知多样性与情境感知思维，尊重并理解学习者群体文化差异性及教学实践规律，讨论、反思与分享教育人工智能技术的教学应用经历及体验。

（2）智能学习技术应用伦理与安全，即秉持人本主义的教育人工智能技术应用理念与原则，明确人工智能的技术应用伦理与安全规范，使之符合社会伦理规范和教育教学伦理规范的基本标准与要求。

（3）文化融合提升智能育人层次与效益，即将技术的功能实用性、学习文化的艺术性、社会活动文化的建构性有机结合，使智能教育实践彰显科学性、趣味性、多元化与创新性，实现五育融合的育人目标。

总之，智能教育在教育发展新潮流中以其强烈的教学变革需求度展现了持久而旺盛的生命力。为回应K-12教师需具备怎样的素养，我们提出了由知识基础层、能力聚合层、思维支撑层及文化价值深化层构成的智能教育素养结构，分析其包含的能力指标要求，深化和丰富研究者和教学实践者对智能教育素养的认识，为开展教师智能教育素养提升行动提供引导，又可为设计和开发面向K-12教师的智能教育素养测评工具提供理论依据，推动中小学智能教育理论与实践发展。

3-2

做善用人工智能的智慧型教师

作为当前全球最前沿、最先进的技术之一，人工智能给全人类带来了前所未有的强大赋能和想象空间，也给千行百业带来了前所未有的生存压力和伦理隐忧。"拥有什么样的核心本领，才能让教师在智能时代安身立命？"未来已来，只有与最先进的人工智能技术同向进化，才能避免被新一代人工智能碾压替代，做不落伍于新时代的智慧型教师。

一、人工智能的赋能效用

迅猛进化的人工智能，已经在数据分析、决策优化、协同管理、趋势预测等方面表现得"机智过人"。教师既可以利用AI处理低层次的杂务，从而有更多时间和精力关注学生，减轻教学负担，也能借助课堂智能分析系统精准呈现课堂教学的亮点与不足，进行教学反思，提高教学质量。善用人工智能辅助教学，能够为教师工作提"质"减"负"。

一是助力精准备课。备课是有效教学实践的预演，是教师教学的基础性准备环节。人工智能的融入能更好地帮助教师提高备课效率。例如，智能备课系统能够帮助教师实施学情调查，掌握每个学生的学习起点和兴趣点，教师能基于数据分析得出学情"诊断报告单"，更好地实现"以学定教"。智能备课系统还能结合教学目标和学情推送优秀关联资源给教师，拓展教师视野。

二是实现差异教学。在课堂中，根据学生个体差异实施差异化教学与班级集体授课是一对结构性矛盾。班级集体授课可以高效实施规模化教学，但却无法很好地照顾到每个学生的个体差异。智能导师系统可以辅助教师为学生提供差异化指导。智能导师系统通过与学习者进行交互并分析其行为数据，能够根据学习者的类型提供针对性的学习内容、学习路径和学习策略，在为教师减负的同时实现因材施教。

三是帮扶个性辅导。传统教学中的纸笔作业批改是一项很耗费精力的任务，教师难以进行细致深入的辅导分析。而智能测评系统不仅能够减轻教师的作业批改负担，还能够为学生学习提供个性化的辅导。智能测评系统通过自动批改、分析错题等，不仅能够帮助学生了解自己的学习薄弱点，还能够基于分析结果为学生智能配题、个性化推送拓展资源，弥补学生短板，发展学生长板。此外，基于大模型的生成式人工智能还能为学生提供大规模的个性化"苏格拉底式"智能问答服务。

四是提供教学全息画像。其一，画像技术助力"学"。无论是精准备课、实施差异教学还是帮扶个性辅导，前提都是要精准把握学习者的个人特征。在智能画像技术的加持下，可以实现学习数据的全过程伴随式采集，通过数据挖掘、深度分析、特征抽取以及标签化等流程，抽象概括出学生的信息全貌，从而建立起立体化的学生信息全息图，进而帮助教师高效"读懂"每一个学生。其二，画像技术改善"教"。新时代的教师教研面临着精准化的需求。数据驱动的教师画像能够让教师更好地发现自身的教学问题，从而有针对性地提升自身的专业能力。

五是推动育人综合评价。传统课堂中教师通过课堂观察、提问等途径对课堂教学情况进行评价，但由于精力有限，这种方式可能导致信息传递的片面和课堂反馈的滞后。人工智能与教育教学深度融合能够赋予教师崭新的洞察角度。智能技术的加入优化了教育数据的采集，可以伴随式采集教学行为类数据、情感类数据、思维变化数据等多模态数据，从而为我们提供多维度、多视角的评价，使得教育评价从经验化走向科学化，从固化走向增值，从基于结果的评价走向基于过程的评价，从单一的学科知识评价走向全面的综合性评价。

二、人工智能的增负风险

技术不是万能的，但智能化是大势所趋，不管接不接受、认不认可，人工智能都已到来。智能化就是不可逆转的时代大势，但人工智能应用存在双刃剑效应。教师需要主动顺应时代趋势，积极应对挑战，正确看待和使用技术、用好技术，规避智能技术的增负风险。

技术适应与学习的压力。对许多教师而言，掌握和应用人工智能技术需要付出大量的时间和精力。教师需要学习新的技术知识，掌握新的工具和方法，以便更好地了解学生的学习情况并调整教学策略，这对教师而言也是一个巨大的挑战。这就要求教师树立终身学习的意识，主动提升自身的智能教育素养，直面压力，以适应智能时代的教学需求。

技术应用平衡度的把握。教师决策与AI决策之间需要保持平衡。AI必须处于教师的监控之下，在必要时提醒教师进行决策，并允许教师改写AI决策。同时要注意，倘若教师做决策过多，那么了解和配置AI将消耗教师大量时间，但过度依赖AI决策也会使教师在实践过程中对教学目的、教学过程的诸多思考逐渐被"削弱"和"钝化"。因此，教师应把握智能技术应用的"尺度"，防止教育主体"附庸化"和"依赖化"的产生。

法律意识和伦理素养的养成。AI可以协助教师设计教学材料，挖掘学生优势并满足他们的需求，这就需要收集学生的数据以便充分了解学生，但收集数据越多，隐私风险也越高。这就要求教师具备较高的法律意识和伦理素养，在利用人工智能技术进行教学时，关注学生的隐私保护和伦理问题，确保学生的学习数据不被滥用或泄露。

三、教师的角色"重置"

教师作为一个职业不会被机器技术完全取代，但这并不代表教师个体可以"躺平"。教师与人工智能的协同在未来将成为常态，教师要时刻准备"重置"角色、调整定位和转变思维，学会与人工智能协同共教、共研、共学，做善用人工智能的智慧型教师。

立德树人，做智能时代人才的培育者。真正的智者不仅需要掌握最重要的人工智能科技变量，还应拥有智慧认知的思想。人工智能技术的精巧越来越能够让教师的教学施策精准入微。因此，当教师用好人工智能技术培养对时代和社会有价值、有贡献、有情怀的人才，才是教育初心的成功。

疑则有进，做智能教育问题的深思者。智能技术为智能教育提供了技术便利，同时也给教师带来了智能教学应用素养的新挑战。教师能身体力行地探究和体验智能技术的教学功能吗？能结合智能技术的教学应用需求做正确的"人机"关系定位吗？能清晰认识和应对智能技术教学应用中的数据安全及伦理问题吗？"为学患无疑，疑则有进。小疑则小进，大疑则大进"，只有带着思考出发，才能在智能时代找准自己努力的方向。

充电蓄能，做智能教育知识的学习者。智能时代，不学习就会被淘汰，教师同样无法逃避时代施予的"学习紧箍咒"。应中小学各学科教师的学习之需，我们团队开设了国家一流课程"人工智能教育应用"教师教育慕课，帮助教师了解人工智能技术与智能学习环境、掌握智能教学工具以及智能技术教与学应用的方法。教师只有持续充电才能成为合格的终身学习者。

人机协同，做弥合智能鸿沟的摆渡者。如果说笔延伸了手、电话延伸了耳朵，人工智能技术就是在复制人的大脑。人工智能正在全方面融合渗透到每一个行业，教育也不例外。教师应教会学生正确理解机器人，只有与人工智能做朋友，弥合机器与人类之间的智能鸿沟，才能让技术为师生所用，为教学服务。

知行合一，做智能教育行动的践行者。在智能技术的教学应用过程中，教师要经历"想用—能用—会用—用好"的迭代提升阶段。"想用"，是指教师愿意主动尝试体验智能技术工具；"能用"，是指教师能够熟练掌握智能技术工具的教学操作；"会用"，是指教师掌握了智能技术应用的教学法，能结合具体的教学场景设计和选用合适的智能技术开展教学工作；"用好"，是指教师具有将智能技术与教育教学深度融合的能力，把智能技术与师者的智慧相融合，开展富有创造性的、精准化、个性化的教学活动。

伦理培育，做智能学习文化的引路者。每一种学习文化都有其独特的技术"指纹"。技术给教育变革赋能，教育变革又引发了新的学习文化。人工智能正在引发学习文化的新变革。教师应做新型智能学习文化的引路人，教会学生人工智能知识、传授人工智能技术，传递用智能技术持续赋能学习和发展的理念。

赋能与增负如同双刃剑的两面，智慧型教师要努力追求科技应用向善的价值导向。当前，以ChatGPT、Sora、文心一言、讯飞星火大模型等为代表的生成式人工智能正推动着教育数字转型和创新发展，日益影响传统知识观、人才观和育人观，倒逼教师升级自我，形成新质素养。教师不仅要做智能技术的使用者，还要借助人工智能持续探索教育的新可能，做教育变革的创新者与主人翁。

拓展资源

- 祝智庭,金志杰,戴岭,等.数智赋能高等教育新质发展:GAI技术时代的教师新作为[J].电化教育研究,2024,45(6):5-13.

- 魏非,单俊豪,郑珊珊,等.教师数字素养发展跃升的团队化路径:走向人机结队[J].教育发展研究,2024,44(18):19-26.

- 沈苑,汪琼.生成式人工智能支持教学决策的实践困境与关键进路[J].电化教育研究,2024,45(11):92-99.

- 穆肃,陈孝然,周德青.生成式人工智能赋能教学设计分析：需求、方法和发展[J].开放教育研究,2025,31(1):61-72.

· 苗逢春.基于教师权益的自主人工智能应用:对联合国教科文组织《教师人工智能能力框架》的解读[J].开放教育研究,2024,30(5):4-16.

· 刘邦奇,尹欢欢.人工智能赋能教师数字素养提升:策略、场景与评价反馈机制[J].现代教育技术,2024,34(7):23-31.

· 黄悦,邓涛.教师教育教学改革:通用人工智能时代的应为、难为与可为[J].电化教育研究,2024,45(8):97-104.

· 胡小勇.做善用人工智能的智慧型教师[EB/OL].(2024-06-04)[2024-12-02].https://mp.weixin.qq.com/s/wxD2pU_Qw9LpGqPEScrxXw.

· 胡小勇,徐欢云.面向K-12教师的智能教育素养框架构建[J].开放教育研究,2021,27(4):59-70.

· 胡小勇,眭慧,陈莹,等.多场景融合的教师数字画像:模式建构与应用方法[J].中国远程教育,2024,44(4):47-57.

实践篇

人工智能，以何助师？

模块四
初识生成式人工智能

> "生成式人工智能技术，是指具有文本、图片、音频、视频等内容生成能力的模型及相关技术。"
>
> ——《生成式人工智能服务管理暂行办法》

4-1
初识生成式人工智能

【场景描述】

生成式人工智能（GAI），是人工智能的一个分支，能够通过学习大规模数据，生成逼近人类智能的文本、图像、音视频等内容。GAI正以其强大的创造力和应用能力，悄然改变着教育领域的面貌。对于教师而言，可以尝试拥抱GAI，将其融入日常教学中，以减轻工作负担、提高教学效率。

【知识卡片】

要认识生成式人工智能，需要先认识GAI和AIGC这两个概念。GAI的全称是Generative Artificial Intelligence，是大众普遍认知中的生成式人工智能的简称。AIGC的全称是Artificial Intelligence Generated Content，译为人工智能技术生成的内容。虽然GAI与AIGC都指向生成式人工智能这一领域，但它们在定位和指向上有所不同。①生成式人工智能（GAI）是人工智能技术生成的内容（AIGC）的技术基础。GAI拥有生产新内容的能力，是AIGC实现内容生成的核心技术。没有GAI的创造性生成能力，AIGC就无法实现其内容生成的目标。②人工智能技术生成的内容（AIGC）是生成式人工智能（GAI）的应用体现。AIGC是GAI在具体应用领域的体现，如文本生成、图片生成、音视频生成等。通过AIGC，GAI的技术能力得以在实际应用中发挥价值。

GAI的应用领域主要体现在文本生成、图像生成、音视频生成三大方面，表4-1-1中呈现的是一些典型的GAI工具。GAI工具能与教师进行多轮对话式互动，通过理解对话的上下文内容自动关联之前的信息，确保对话的连贯性和一致性。在多轮交互中，这种上下文理解能力尤为重要，其使教师能更自然地与GAI工具进行对话，而无需重复说明或解释之前的内容。

表 4-1-1　典型 GAI 工具

应用	工具类别
文本生成	·通用型文本生成类工具：DeepSeek、文心一言、智谱清言、讯飞星火大模型、Kimi等； ·教育专用型文本生成类工具：匠邦AI等； ·智能组卷型文本生成类工具：快出题等； ·音视频分析型文本生成类工具：天工AI等； ·智能设计PPT型图文生成类工具：讯飞智文、WPS AI等； ·智能设计问卷型文本生成类工具：问卷星等； ·数据分析文本生成类工具：ChatExcel、办公小浣熊等。
图像生成	·通用型图像生成类工具：通义万相、文心一格、可图KOLORS、豆包、造梦日记等。
音视频生成	·歌曲创作型音频生成类工具：网易天音等； ·纯音乐创作型音频生成类工具：BGM猫等； ·有声视频生成类工具：剪映等； ·无声视频生成类工具：即梦AI等； ·虚拟数字人播报型视频生成类工具：腾讯智影、文小言等。

【工具材料】

通用型文本生成类工具。

图 4-1-1　文心一言官网界面

文心一言是一款通用型文本生成类工具，专注于提供高效的内容创作体验。它具备强大的文本生成、语言理解和对话交互能力，通过深度学习技术，能够从大量数据中学习并快速理解教师需求，进而生成符合要求的内容。文心一言的应用领域广泛，包括文案创作、逻辑推理、中文理解、个性化建议生成等多个方面。

【应用案例】

李老师是高一（2）班的班主任，他希望通过举办一场班级迎新晚会活动来拉近师生间的关系，并为新学期打造一个积极的开端。他需要在有限的时间内制订出详细的活动方案，包括活动内容、分工、预算和时间表等。同时李老师也希望活动能体现创新性和个性化，让每个学生都能感到被重视。听说GAI工具很好用，李老师决定借助生成式人工智能工具"文心一言"来生成迎新晚会活动的方案，以下是具体的操作步骤。

第一步：进入文心一言官网（https://yiyan.baidu.com）界面（见图4-1-2），点击右上角的【立即登录】，在弹出的对话框中选择扫码登录、账号登录或短信登录。

图 4-1-2　文心一言登录界面

第二步：了解文心一言的操作界面布局。登录之后的界面如图4-1-3所示，整体分为四个核心功能区，旨在满足不同的查询与创作需求。

功能面板：集合了个人信息、对话、个性化、百宝箱、使用指南等功能。

导航栏：可查看历史对话记录。

对话框：输入描述需求的提示语，文心一言就会生成回答。

内容展示区：呈现生成的回答、推荐的话题等。

图 4-1-3　文心一言的操作界面介绍

第三步：尝试和文心一言对话。在输入框中输入提示语，如：你是谁？你能做什么？文心一言接收到提示语后，就会开始生成回答，如图4-1-4所示。点击提示语，在提示语右侧有【✐】图标，点击它可重新对提示语进行编辑和修改，让文心一言重新生成回答。

此外，回答框右下角的图标【< ▣ ◻ ◻ ◻】分别代表分享、复制成Markdown、复制内容、认同回答、不认同回答，可以满足教师多样化操作的需求。如果对生成的回答不满意，也可以点击左下角的【重新生成】按钮，重新生成回答。

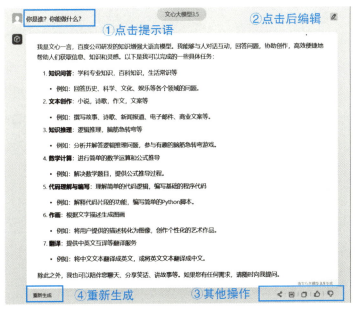

图 4-1-4　文心一言功能操作

第四步：聚焦案例，解决实际问题。提示语示例：**请你帮我生成一份高中班级迎新晚会的策划方案**。在文心一言生成答案的过程中，如果对内容不满意或者想停止此次对话，只需点击对话框左下角的【停止生成】按钮（见图4-1-5），即可终止对话。

图 4-1-5　文心一言停止生成回答

第五步：细化要求。李老师抛出第一个问题后，文心一言很快给出了回答，李老师阅读后对这个回答并不满意。因此，李老师输入要求更为明确的提示语：**请你帮我生成一份高中班级迎新晚会的策划方案，整个晚会用时3小时，要包含破冰环节、游戏环节、总结环节等**。这一次，文心一言会根据新的提示语，并结合之前的问题信息，重新调整并生成更符合李老师需求的方案，如图4-1-6所示。

图 4-1-6　文心一言修改后的迎新晚会策划方案

第六步：继续提问。李老师觉得文心一言生成的破冰游戏不够有趣，于是继续提问：**破冰游戏不够有趣，请重新设计，并提供3种方案**。于是，文心一言会联系上文信息，在迎新晚会策划方案的情境下作出回答，重新设计破冰游戏。这一特征可在文心一言的回应中得到验证："当然，破冰游戏对于活动的氛围营造至关重要。以下是三种更加有趣且适合高中班级迎新晚会的破冰游戏方案……"，方案三"团队拼图挑战"的内容如图4-1-7所示。

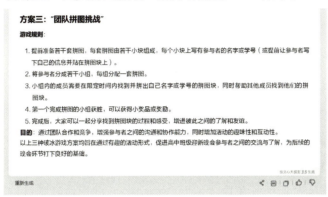

图 4-1-7　文心一言回应的破冰游戏

第七步：调整修改。李老师觉得第三个破冰游戏很有趣，想要文心一言根据这个游戏更新晚会方案，于是输入提示语：**根据你提供的"团队拼图挑战"破冰游戏，重新生成晚会方案**。于是，文心一言继续根据前面对话中的情境，给出了高中班级迎新晚会策划方案（更新版）。

图 4-1-8　文心一言更新的方案

【技巧提示】

（1）**明确需求和目标，有效沟通与交互**。在使用GAI工具之前，教师需要明确自己想要生成什么样的内容，以及这些内容的用途是什么。例如，如果目标是生成一份教学设计，则需要明确教学设计的内容、授课对象、教学目标以及教学重难点等。在本模块的4-3和4-4节将介绍如何设计有效的提示语，帮助教师更好地与GAI工具对话，获得更高质量的回答。

（2）**批判性看待生成的回答**。虽然GAI可以快速生成内容，但这些内容的质量有时并不尽如人意。因此，保持批判的眼光看待生成的回答非常重要。教师需要检查生成的内容是否准确无误、是否符合自己的要求，并进行必要的修改和调整。

（3）**灵活选用适配工具，借助DeepSeek的思维链特性提升效率**。GAI工具各具特色，教师可根据具体需求选择最合适的技术平台。例如，若教师需要获得更具逻辑推演过程的方案，可选用具备思维链特性的通用型文本生成类工具DeepSeek。该平台采用分步推理机制，在生成迎新晚会方案时，会先解构"破冰、互动、总结"等环节的设计逻辑（见图4-1-9），随后进行多维度的可行性评估，最终形成包含应急预案的完整方案。DeepSeek透明化的思考过程，不仅极大提高了教师对AI决策路径的理解，还便于教师提出后续的优化指令。

图 4-1-9 DeepSeek 思维链示例

4-2

GAI 背后的大语言模型

【场景描述】

大语言模型（Large Language Model，LLM）可被看作是一种专注于理解和生成类似人类文本的自然语言处理技术。作为生成式人工智能（GAI）的核心技术之一，LLM能够理解人类语言的复杂结构和语义含义，是各类GAI工具理解提示语，并据此生成文本、图像乃至音视频内容的重要前提；同时，LLM强大的自然语言生成能力，也是文本内容生成类GAI工具能够生成类似人类文本的核心支撑。因此，深入了解LLM，有助于教师更好地理解和使用GAI工具。

【知识卡片】

（1）**语言模型**。世界上最早的语言模型ELIZA于1966年问世，它旨在模拟心理治疗师的对话方式，通过模式匹配和替换方法来模拟对话，使人们在与它交流时产生一种与真人交谈的感觉。语言模型是一种机器学习的模型，它通过分析大量的文本数据和学习词语之间的统计关系，从而预测一段文本中下一个词语的可能性。比如，教师日常使用键盘输入文字，输入"教学"后，键盘会自动出现"环境""设计""内容""目标"等词语供选择。目前，语言模型已经有了很多应用，比如拼写检查、语音识别、机器翻译等。

（2）**大语言模型**。大语言模型是语言模型的"升级版"，它基于深度学习技术，拥有更多的参数和更复杂的设计，可以生成更连贯、更自然的文本，在自然语言理解与处理方面表现得更为智能。2020年5月，OpenAI发布了具备1750亿参数的GPT-3，这意味着真正意义上的自然语言处理领域的大语言模型出现了，从此正式开启大语言模型时代。目前，大语言模型已逐步形成BERT、T5和GPT三大技术路线，表4-2-1列举了大语言模型三大技术路线在参数量、模型优劣势和应用场景方面的基本情况。

表 4-2-1　大语言模型三大技术路线的基本情况

模型名称	参数量	优势	劣势	应用场景
BERT	1.1亿/3.48亿	模型相对轻量；擅长自然语言理解任务。	需要大量的下游精调样本。	文本分类、情感识别等。
T5	2.2亿/7.7亿/30亿/110亿	灵活支持多任务学习；擅长多语言任务。	稳定性不足；输入限制512个字符。	阅读理解、人机对话等。
GPT-3	1750亿	生成类人文本；支持逻辑推理。	缺乏输出质量控制；模型复杂。	内容创作、数学推理等。

（3）**大语言模型的工作原理。**大语言模型的核心工作可分为两部分：学习和预测。"学习"是指大语言模型通过分析大量文本数据来学习单词的含义、语法规则以及语言的使用方式，从而掌握自然语言的规律。这个过程就像是在构建一个庞大的语言网络，每一个单词、每一个句子都是网络中的一个节点。比如，婴幼儿在学习语言的过程中会接触到大量的语言输入，如听父母说话、看动画片、读故事书等。通过这些输入，婴幼儿逐渐理解了词语的搭配、句子的结构、语法的规则等。同样地，大语言模型也是通过大量的文本数据来学习语言的规律。"预测"是指当大语言模型接收到一个词或一句话时，它会尝试预测下一个词是什么，这个过程就像是在玩填字游戏，大语言模型需要在已知文字信息的基础上找到最合适的词来完成句子。例如，给大语言模型一个句子"当清晨的第一缕阳光照在校园的……"，大语言模型会根据这个句子的上下文来预测后面的内容。它可能会预测接下来的内容是"教室"或者"操场"等，而具体选择哪个词则基于模型所学习的语言模式和概率计算。

①**大语言模型的学习过程。数据收集**：大语言模型会从书籍、新闻、网站、社交媒体内容等多种渠道收集海量的文本数据。这些数据构成了模型学习的基础，使其能够接触到丰富多样的语言形式和用法。**数据处理**：在收集到数据后，模型会对其进行预处理，包括去除噪声、无用信息（如广告、格式标签等）和文本清洗。这一步骤旨在提高数据的质量，确保模型能够学习到准确、有用的语言信息。**特征学习**：模型通过复杂的算法分析处理过的文本数据，学习语言的规律和特征。这些特征包括但不限于词汇的用法、句子的结构、语境的含义等。模型还会构建一个庞大的"知识图谱"，将每个单词、短语与其语境联系起来，从而更深入地理解语言。**预训练**：在预训练阶段，模型会使用神经网络进行训练，以提高对下一个要出现的词或短语的预测准确性。预训练通常涉及无监督学习方式，即模型在没有明确指导或标签的情况下从未标记的文本数据中学习。目标是捕获文本语料库中存在的底层模式、结构和语义知识。

②**大语言模型的预测过程。输入接收**：当模型接收到一个词或一句话时，它会尝试预测下一个词是什么。这个过程类似于填字游戏，模型需要在已知文字信息的基础上找到最合适的词来完成句子。**上下文分析**：模型会分析输入句子的上下文信息，包括前面的词语、句子的结构、语境等。通过这些信息，模型能够推断出下一个词的可能性和概率分布。**预测输出**：基于上下文分析和语言模式的学习，模型会预测并输出下一个最可能的词。预测的准确性取决于模型所学习的语言模式和概率计算的能力。**微调与优化**：在基本的训练完成后，模型还会进行微调，以更好地适应特定类型的任务或数据。这个过程包括在特定主题或领域的数据上进行额外训练，以提高模型在该领域的表现。通过微调，模型能够更准确地理解特定领域的语言特点和用法，从而提高预测的准确性。

【工具材料】

通用型文本生成类工具。

【应用案例】

王老师是五年级（1）班的班主任，她想搜集一些关于动物保护的科普文章，为下周的主题班会做准备。于是她借助文心一言筛选和整合相关材料，为学生提供更加丰富的学习内容。提示语示例：**推荐3篇关于动物保护的科普文章**。基于大语言模型的文心一言能够从提示语文本中理解教师的需求，在海量数据中筛选出相关材料。教师点击回答框左上角的【参考4条网页信息源】即可查看文心一言搜集到的相关科普文章，点击具体链接，即可跳转查看原文（见图4-2-1）。

图 4-2-1 查看网页信息源

除文本资料外，基于大语言模型的文心一言还能搜集和整合视频资源，并生成介绍视频的文本内容，帮助教师快速选定更为适配的视频素材。提示语示例：**提供动物保护相关的科普视频**。文心一言的回答如图4-2-2所示。

图 4-2-2　搜集视频资源

【技巧提示】

联系上文，预测问题。基于大语言模型的文心一言，不仅能精准回应教师提出的问题，还能智能预测教师接下来可能会关心的内容，主动为教师推荐可进一步探究的问题。教师只需点击【你可以继续问我】下方的某一问题，文心一言便会即刻予以回应。

图 4-2-3　问题预测界面

4-3

设计有效的提示语

【场景描述】

在教师与GAI的对话式交互中，提示语是关键。提示语是指用于引导、澄清或强化信息的语言表达，用于帮助GAI更好地理解当前情境、任务与需求，通常具有明确的目的性。有效的提示语能够清晰地传达教师的意图和期望，使GAI准确理解并响应需求，这有助于确保GAI在执行任务时不会偏离主题，从而高效地完成任务。

【知识卡片】

（1）提示语的类别。提示语本质上是控制大语言模型理想输出的语言，是一种"做事"的语言。在教育工作中，教师可向GAI提出在教、学、管、评、研等教育场景任务中想要了解的各类问题。表4-3-1罗列了提示语的部分类别及示例。当然，教师需根据实际情况，自主设计针对性的提示语，并在与GAI的多轮对话中，不断调整或输入新的提示语，以获得更高质量的回答。

表 4-3-1 提示语的部分类别及示例

大类	小类	提示语示例
教学	课程设计与准备	"请帮我设计一个关于生态系统的一周教学计划。"
	教学方法与策略	"有哪些有效的策略可以用来教授非母语学生的英语？"

（续表）

大类	小类	提示语示例
学习	学生学习策略	"如何帮助学生发展批判性思维？"
	技术整合教学策略	"有哪些技术整合教学的策略可用于发展创新思维？"
	学生心理与情感支持	"我应该如何识别和帮助有焦虑症状的学生？"
管理	课堂管理	"如何建立有效的课堂秩序和规则？"
	教师管理	"如何提高教师团队的士气和协作效率？"
评价	形成性评价	"请提供一些形成性评价的工具和方法。"
	总结性评价	"我需要一个学生项目展示的评价标准。"
研究	教育研究方法	"请给出社会网络分析方法的使用工具和使用步骤。"
	教师专业发展	"请推荐一些提升教师研究能力的在线课程。"

（2）**提示语的设计方法**。想要控制以大语言模型为技术基础的生成式人工智能的行为，就要从控制它的语言做起。有效提示语的设计可参考以下方法。

①**问题解构，逐步深入**。在面对复杂的教育研究或教学难题时，将大问题拆解成一系列小而具体的子问题，不仅有助于降低问题的难度，还能使解决过程更加系统化和条理化。通过GAI的帮助，教师可以逐步探索每个子问题的答案，最终汇聚成对整个复杂问题的深刻理解。假设教师正在研究"如何提升高中生英语阅读能力"这一复杂问题，教师可以将其拆解为以下几个子问题："当前高中生英语阅读能力的普遍水平如何？""哪些因素影响了高中生的英语阅读能力？""哪些教学方法或策略被证明能有效提升高中生的阅读能力？""如何将这些方法或策略融入日常教学中？"

②**灵活措辞，精准提问**。GAI对问题的理解往往依赖于问题的表述方式。教师在提问时需要仔细斟酌措辞，确保问题既清晰又具体，能够准确传达自己的意图和需求。同时，教师还可以通过尝试不同的提问方式来探索GAI的不同

响应，从而找到更符合自己需求的答案。例如：在准备一堂关于"文艺复兴时期艺术"的美术课时，教师希望GAI能提供一些有趣且易于学生理解的教学素材。如果直接问"请给我一些关于文艺复兴时期艺术的资料"，这样的提问可能过于宽泛，GAI给出的答案也可能五花八门。因此，教师可以尝试更具体的提问方式，如："请为我提供三个适合高中生理解的文艺复兴时期艺术家的生平故事，每个故事需包含其代表作品和创作背景。"这样的提问不仅明确了需求的具体内容，还设定了数量和形式上的要求，有助于GAI生成更加精准和有用的答案。

③构建语境，聚焦需求。在提问时，教师应尽可能提供详细的语境描述，以帮助GAI更好地理解问题的实际情境和需求。可以使用提示语框架（详情可见4-4），构建语境引导GAI生成更加符合教师教学或研究需求的内容。例如，在编写一本关于"环境保护"的科普读物时，教师需要GAI提供大量关于环境问题的数据和案例。为了确保GAI生成的内容既准确又生动，教师可以在提问时构建详细的语境，如："我正在编写一本面向小学生的环境保护科普读物，旨在通过真实的案例和数据让他们认识到环境问题的严峻性和紧迫性。请为我提供五个国内外不同地区的环境污染案例，每个案例需包含污染类型、影响范围、治理措施及成效等方面的信息，并尽量用小学生能理解的语言进行描述。"这样的语境描述不仅明确了读物的受众和目的，还具体指出了所需案例的内容和形式要求，有助于GAI生成更加符合需求的内容。

（3）提示语的设计原则。通过提示语设计"六定"原则（定角色、定目标、定结构、定步骤、定边界、定示例），可以让通用大模型回答出让教师满意的答案。具体内容和示例如表4-3-2所示。

表4-3-2 提示语设计"六定"原则

内容	描述	提示语示例
定角色	建立对话情境	你是一位经验丰富的小学语文教师。
定目标	明确任务核心	请你根据要求，设计本堂课教学环节。

（续表）

内容	描述	提示语示例
定结构	规范输出格式	按教学环节/教学活动/教学内容分类，以表格形式输出。
定步骤	分解复杂任务	在教学活动中，请将师生活动分开表述。
定边界	限制输出范围	每个环节的字数限制在500字以内。
定示例	建立参照基准	参考示例格式：［教学环节］：＊＊＊；［教学活动］：＊＊＊；［教学内容］：＊＊＊。

【工具材料】

通用型文本生成类工具。

工具小卡片

智谱清言

可用版本
网页/手机应用/电脑应用/小程序

推荐评价
★★★★★

图 4-3-1 智谱清言官网界面

智谱清言是一款通用型文本生成类工具，集智能问答、教学辅导、资料整理等多种功能于一体。该工具支持多种环境终端，无论是网页、手机应用、电脑应用，还是小程序，教师都可以随时随地轻松访问。对于教师而言，智谱清言是教学的好帮手，它能够快速生成教学资料。无论是备课、授课还是课后辅导，智谱清言都能为教师提供精准的问答服务，助力教师提升教学效率与质量。

【应用案例】

作为一名历史教师，李老师希望利用生成式人工智能来辅助设计"文艺复兴运动"这一节课的提问教学环节，以引导学生进行深度讨论，培养学生的逻辑思维。下面，以智谱清言（官网：https://chatglm.cn）工具为例，通过对比低效提示语与有效提示语设计的GAI回答，演示如何完成这一任务。

第一步： 登录智谱清言官网，点击【立即体验】按钮。如果之前未使用过该大语言模型，则需要先通过微信扫码或用手机号登录（见图4-3-2）。

图 4-3-2　智谱清言官网登录界面

第二步： 登录完成后，教师可在方框中围绕"文艺复兴运动"输入内容，并点击右侧【➤】箭头按钮对大语言模型进行提问（见图4-3-3）。以下为对比GAI响应低效提示语与有效提示语的不同回答。

图 4-3-3　对智谱清言进行提问

①低效提示语示例：围绕“文艺复兴时期”，生成一些问题。

智谱清言的回答如图4-3-4所示。

这里的提示语过于宽泛，缺乏明确的要求。GAI给出的问题虽涉及多个方面，但大多为客观题，难以让学生进行深入的讨论。可见，GAI的回答未能满足李老师的需求。

ChatGLM

1. 文艺复兴时期大约发生在哪个时间段？
2. 文艺复兴运动的发源地是哪里？
3. 文艺复兴时期的核心思想是什么？
4. 文艺复兴时期最著名的艺术家有哪些？
5. 文艺复兴时期对宗教产生了哪些影响？
6. 文艺复兴时期有哪些重要的科技发明？
7. 文艺复兴时期的人文主义对当时的教育产生了哪些影响？
8. 文艺复兴时期的艺术作品有哪些特点？
9. 文艺复兴时期对后世有哪些深远的影响？
10. 文艺复兴时期，哪些国家或地区成为了艺术、文化的中心？
11. 文艺复兴时期的建筑风格有哪些特点？
12. 文艺复兴时期有哪些著名的文学作品？
13. 文艺复兴时期，政治制度发生了哪些变化？
14. 文艺复兴时期的音乐有哪些创新和发展？
15. 文艺复兴时期的绘画、雕塑和建筑之间存在怎样的联系？

图 4-3-4　智谱清言生成的回答

②有效提问示例一：基于“文艺复兴时期的文化特征”，设计5个深度问题，要求每个问题都能促进学生从艺术、科学、哲学及社会结构等多个角度进行思考。

智谱清言生成的回答如图4-3-5所示。

ChatGLM

1. 文艺复兴时期艺术家如何通过作品挑战和改变中世纪的艺术传统？请从艺术表现手法、题材选择和艺术理念三个方面，探讨文艺复兴艺术对当时的社会结构和人们世界观的影响。
2. 文艺复兴时期科学的发展如何影响了人们的哲学观念？请结合哥白尼的日心说、伽利略的实验科学和培根的经验主义，分析科学进步如何推动哲学从神学束缚中解放，并探讨这一转变对当时社会结构和宗教权威的挑战。
3. 在文艺复兴时期，人文主义思想如何影响教育、政治和社会等级制度？请从教育改革、政治体制变迁和社会阶层流动性三个方面，探讨人文主义对当时社会结构的影响。
4. 文艺复兴时期的城市规划和社会结构有何特点？请以佛罗伦萨和威尼斯为例，分析城市建筑、公共空间设计如何体现人文主义精神，并探讨这些特点如何促进或限制当时的社会流动性和经济发展。
5. 文艺复兴时期的宗教改革如何影响艺术、科学和哲学的发展？请从路德的宗教改革、加尔文的预定论和天主教的反宗教改革运动三个方面，分析宗教改革对当时文化特征的影响，并探讨这一变革如何塑造了现代社会的某些基本特征。

图 4-3-5　智谱清言生成示例一的回答

③**有效提问示例二**：首先，设计一个引入性问题，简述"文艺复兴"的起点及其历史背景；接着，提出三个需要深入探讨的问题；最后，设计一个开放性总结问题，让学生思考文艺复兴对当今世界的影响和启示。

智谱清言生成的回答如图4-3-6所示。

ChatGLM

引入性问题：我们知道，中世纪末期，欧洲社会经历了一场深刻的文化变革，这场变革被称为"文艺复兴"。那么，文艺复兴是如何开始的，它的历史背景又是怎样的呢？请简要描述文艺复兴的起点及其时代背景。

深入探讨的问题：

1. 文艺复兴时期，艺术和科学领域取得了哪些划时代的成就？这些成就如何反映了当时社会思想和文化的转变？

2. 文艺复兴时期的人文主义理念是如何影响当时的宗教、政治和社会结构的？请举例说明。

3. 文艺复兴时期的探索和发现（如哥伦布发现新大陆）对世界历史产生了哪些深远的影响？这些探索如何改变了人们对世界的认识？

开放性总结问题：文艺复兴时期虽然已经过去，但其精神和成就对今天的世界仍有着深远的影响。请你思考，文艺复兴对我们现代社会有哪些启示？它如何在当今的教育、文化、科技和国际关系等领域继续发挥作用？

图 4-3-6　智谱清言生成示例二的回答

以上两个有效提示语具体且开放，为GAI回答提供了明确方向，使其能够生成既符合主题又富有启发性的问题，有助于课堂上多维度的讨论和探索，使讨论能够由浅入深，逐步深入，既有助于学生建立全面的知识体系，又能够激发他们深入思考和探究的欲望。

【技巧提示】

（1）**将讨论问题转为学习提示单，辅助学生学习**。学习提示单是一种教学辅助工具，它为学生的学习提供了一系列的提示或问题，旨在引导学生深入思考，激发讨论，并促进学生主动参与学习活动。在前面的案例中，已提示智谱清言设计了文艺复兴运动相关的教学问题，可继续给出提示语，让智谱清言帮忙生成学习提示单。提示语示例：结合文艺复兴时期的文化特征主题及你刚才设计的问题，为学生学习设计一份学习提示单，并以表单的样式呈现。智谱清言给出的部分回答如图4-3-7所示，点击复制按钮，即可复制生成的内容。

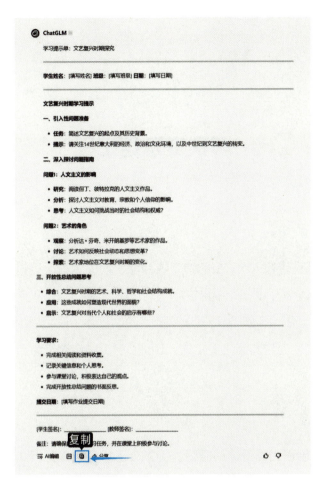

图 4-3-7　智谱清言生成的部分回答

（2）**结合学情设计提示语。**教师在设计提示语时，可以结合学生已掌握的知识、学生年龄、学习习惯等学情，以此获得更贴合教学需要的内容。例如，教师可以向GAI输入这样的提示语：考虑到学生已经掌握了基本的欧洲历史知识，尤其是文艺复兴时期的背景，请生成一个教学活动，让学生通过项目研究探讨不同的历史事件如何影响了文艺复兴的发展和特点。这样的提示语能够引导GAI创建符合学生学情的教学内容，从而帮助学生在已有知识的基础上构建新的认知。此外，结合学情，GAI也能为教师设计出更具针对性的教学方案，助力教师开展个性化教学，提升学生的学习效果。

4-4

解锁提示语工程

【场景描述】

　　提示语是直接输入给GAI的指令或问题，而提示语工程则是对这些指令或问题进行深入分析、设计、优化的过程和技术。提示语工程是以设计和优化提示语为目的，而提示语框架是实现这一目的的具体手段。依据提示语框架，教师能够更系统地构建和优化提示语，确保GAI工具能够更为准确地理解并执行复杂任务。

【知识卡片】

　　（1）**提示语工程设计的原则。**①指令清晰且具体：指令应明确、具体，避免模糊或多义性，以降低模型产生不相关回答的概率。②提供足够的上下文：上下文信息有助于GAI理解问题的具体情况和需求。③避免偏见：设计提示时要避免可能引入偏见的语言，确保输出准确无偏。④测试和迭代：不断测试不同的提示语，观察GAI的回答，并根据结果进行调整和优化。通过迭代过程，可以逐步改进提示语的设计，提高GAI回答的质量。

　　（2）**提示语框架。**提示语框架是一种结构化的模板，它基于提示语工程的原则和方法，将提示语中的关键元素进行系统化组织。提示语框架有助于教师更清晰地定义需求，提供更全面的信息，从而更有效地与GAI进行交互。常用的提示语框架有RACE框架和BROKE框架等。

①RACE框架：通过明确设定角色（Role）、行动（Action）、情境（Context）和期望（Expectation）四个要素，来引导GAI生成更精确、更符合特定需求的输出，如表4-4-1所示。以下是一个基于RACE框架的提问示例：（角色R）作为教师代表，（行动A）张老师将在开学典礼上发表讲话。（情境C）红星小学的开学典礼是新学期的重要时刻，全校师生、部分家长，以及校方领导都会参加。（期望E）希望通过张老师的发言，激发学生的学习热情，向家长传递学校的教育理念，同时代表全体教师团队向校领导承诺，共同迎接新学期的机遇和挑战。

表 4-4-1　RACE 提示语框架

要素	描述
角色（Role）	明确GAI或教师所扮演的特定身份或功能职责。
行动（Action）	明确GAI或教师需要采取的具体操作或步骤。
情境（Context）	为任务或对话提供必要的背景信息或具体环境。
期望（Expectation）	教师希望从GAI的输出中得到的结果或效果。

②BROKE框架：包含背景（Background）、角色（Role）、目标（Objectives）、关键结果（Key Results）和试验并改进（Evolve）五个部分，能够更精确地引导GAI生成符合特定需求的输出，如表4-4-2所示。以下是一个基于BROKE框架的提问示例：（背景B）随着新学期的开始，（角色R）李老师担任高中一年级的班主任，他面临着学生成绩分析、家长沟通和教学计划制订等任务。（目标O）李老师希望通过系统化的方法提高工作效率，确保每个学生都能得到充分的关注和支持，并且及时与家长沟通学生的学习情况。（关键结果K）具体来说，李老师希望自己尽快制订出详细的教学计划，每周至少与1/4学生的家长进行一次有效沟通。（试验并改进E）他计划使用学校统一的教育管理软件进行学生成绩分析和家校沟通，并根据每周反馈不断调整和优化工作流程。

表 4-4-2　BROKE 提示语框架

要素	描述
背景（Background）	提供任务或对话的背景信息和环境。
角色（Role）	明确GAI或教师所扮演的角色和职责。
目标（Objectives）	设定具体的任务目标或期望结果。
关键结果（Key Results）	定义实现目标的关键步骤或里程碑。
试验并改进（Evolve）	强调持续学习和改进的需求。

【工具材料】

通用型文本生成类工具。

图 4-4-1　讯飞星火大模型官网界面

讯飞星火是一种通用型文本生成类工具，是一款集语音识别、语音合成和自然语言处理于一体的智能教育助手。讯飞星火支持多种环境终端，包括 Windows、Mac、iOS和Android系统。它面向教师提供了语音转文字、智能批改、口语评测等功能，便于教师在不同的教学场景中使用，能够极大地提高教师的备课和教学效率。通过使用讯飞星火，教师能够更有效地管理教育资源，实现个性化教学，从而提升教学质量。

【应用案例】

李老师是一名正在教授五年级的语文老师，她想了解如何通过故事讲解来培养学生的道德情感。她想要使用讯飞星火大模型来帮她实现故事的生成。以下是具体的操作步骤。

第一步：进入讯飞星火大模型官网（https://xinghuo.xfyun.cn）。点击【开始对话】按钮，选择【手机快捷登录】或【账号密码登录】（见图4-4-2）。

图 4-4-2 讯飞星火大模型官网登录界面

第二步：向讯飞星火大模型提问（见图4-4-3）。李老师在对话框中输入：**请给我一个关于诚信的故事。**讯飞星火大模型给出的回答如图4-4-4所示。但创作的故事中存在许多五年级学生较难理解的内容，如"市场的不断变化和竞争的加剧""供应商""降低生产成本"等。

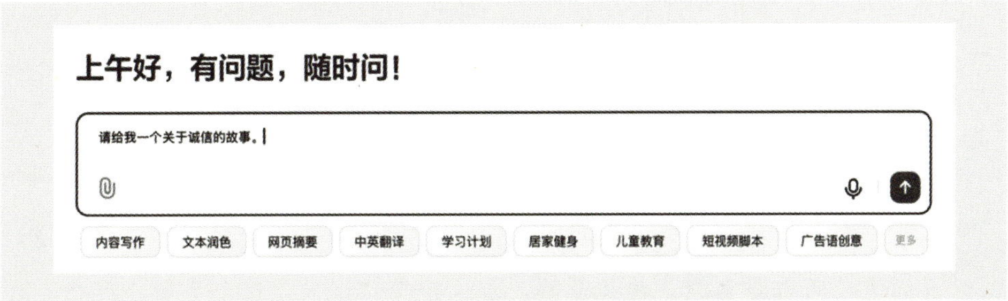

图 4-4-3 对话框输入的内容

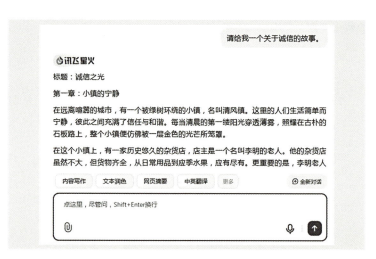

图 4-4-4　讯飞星火大模型部分回答

第三步：使用提示语框架优化提问。首先，李老师使用RACE框架细化问题：作为一名小学语文老师，我需要通过故事来教育学生。课堂上，我将讲述一个关于诚信的故事。请你为我提供一个情节丰富、具有教育意义的故事。这个故事能够让学生认识到诚信的重要性，并在生活中实践诚信。讯飞星火大模型根据RACE提问框架给出的回答如图4-4-5所示。这一次讯飞星火大模型创作的故事就更为贴近五年级学生的认知水平了。

作为一名小学语文老师，我需要通过故事来教育学生。课堂上，我将讲述一个关于诚信的故事。请你为我提供一个情节丰富、具有教育意义的故事。这个故事能够让学生认识到诚信的重要性，并在生活中实践诚信。

🔥讯飞星火

没问题，我将根据您的要求提供一个关于诚信的故事，这个故事能够让学生认识到诚信的重要性，并在生活中实践诚信。下面是生成的具体内容：

标题：诚实的小石匠

第一章：小镇的传说

在群山环抱之中，有一个被翠绿覆盖的小镇，名叫碧泉镇。这里的人们生活简单而宁静，每个人都以自己的手艺为生，彼此之间充满了信任和和谐。在这个小镇上，流传着一个古老的传说，讲述了一位小石匠如何用他的诚实和勤劳赢得了整个小镇的尊重……

图 4-4-5　使用 RACE 框架提问后，讯飞星火大模型生成的部分回答

此外，李老师还尝试使用BROKE框架细化问题：我是一名小学语文教师，本月我们学校的班会主题是传统美德，我选择了"诚信"这个主题。现在，我要给学生上一节班会课，通过故事的方式让学生深刻理解诚信的重要性。请你

帮我设计一个有关诚信的故事，让学生能够讨论诚信在故事中的体现，并在课后反思中提出实践诚信的具体行动。课堂过程中，我将根据学生的反应和学习效果来试验并调整我的授课进度。讯飞星火大模型根据BROKE提问框架给出的回答如图4-4-6所示。同样地，相较第一次的提问，讯飞星火大模型本次创作的故事也更符合李老师的需要。

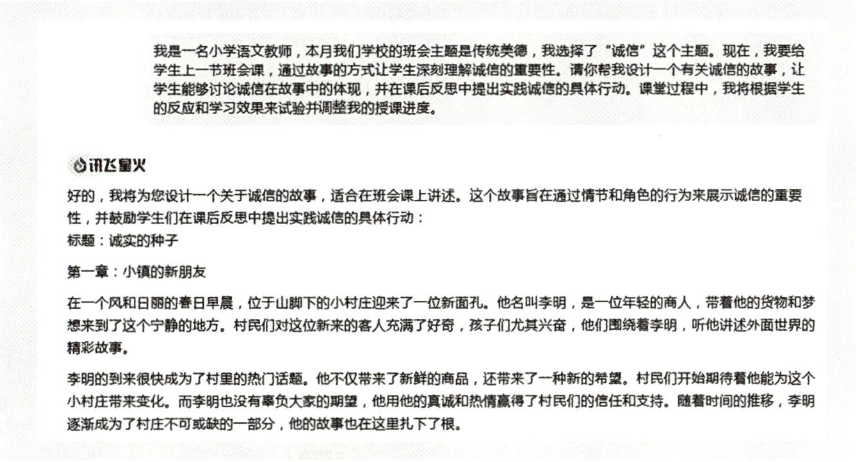

我是一名小学语文教师，本月我们学校的班会主题是传统美德，我选择了“诚信”这个主题。现在，我要给学生上一节班会课，通过故事的方式让学生深刻理解诚信的重要性。请你帮我设计一个有关诚信的故事，让学生能够讨论诚信在故事中的体现，并在课后反思中提出实践诚信的具体行动。课堂过程中，我将根据学生的反应和学习效果来试验并调整我的授课进度。

讯飞星火

好的，我将为您设计一个关于诚信的故事，适合在班会课上讲述。这个故事旨在通过情节和角色的行为来展示诚信的重要性，并鼓励学生们在课后反思中提出实践诚信的具体行动：

标题：诚实的种子

第一章：小镇的新朋友

在一个风和日丽的春日早晨，位于山脚下的小村庄迎来了一位新面孔。他名叫李明，是一位年轻的商人，带着他的货物和梦想来到了这个宁静的地方。村民们对这位新来的客人充满了好奇，孩子们尤其兴奋，他们围绕着李明，听他讲述外面世界的精彩故事。

李明的到来很快成为了村里的热门话题。他不仅带来了新鲜的商品，还带来了一种新的希望。村民们开始期待着他能为这个小村庄带来变化。而李明也没有辜负大家的期望，他用他的真诚和热情赢得了村民们的信任和支持。随着时间的推移，李明逐渐成为了村庄不可或缺的一部分，他的故事也在这里扎下了根。

图 4-4-6 使用 BROKE 框架提问后，讯飞星火大模型生成的部分回答

【技巧提示】

（1）简洁指令，明确角色。在使用提示语工程时，首先，应当使用简洁明了的语言，避免冗长的句子结构，以确保GAI能够准确理解指令。同时，在提示语中应明确角色的身份和行动目的，提供详细的环境描述，将帮助GAI更好地把握语境，生成更符合要求的内容。最后，清楚地表达期望达到的效果，引导GAI朝着既定目标生成文本。

（2）避免模糊，前后一致。教师在与GAI对话的过程中，首先应避免使用模糊不清的词汇，以免生成的内容偏离主题。其次，在提示语中嵌入关键词有助于模型捕捉重点，但切忌过度堆砌关键词，以免影响文本的自然畅通。同时，在撰写提示语时应考虑文化差异和敏感性，避免使用可能引起误解的词汇或表达。在GAI生成内容后，教师应根据实际情况给予反馈，以便调整提示语，进一步优化生成的内容，直至获得满意的结果。

4-5

DeepSeek 介绍及使用技巧

【场景描述】

2025年春节期间，一款名为"DeepSeek"的大语言模型在网络上爆火，被人们称作"国产之光"。作为一款由中国自主研发的生成式人工智能工具，其不仅具有媲美世界顶尖大模型的性能，同时还具有低能耗、低成本、开源和本土化等特点。DeepSeek强大的推理和生成能力，可以高效赋能课前备课、课堂互动、作业批改与学情分析等环节，助力教师减负增效，推动教育场景革新。让我们一起来看看吧！

【知识卡片】

（1）**推理大模型和通用大模型**。推理大模型和通用大模型是人工智能领域中两种不同类型的模型，它们在设计目标、功能特点和应用场景上存在显著差异，在使用时也存在差别。推理大模型专注于解决需要逻辑推理、数学计算、决策分析等复杂任务，如DeepSeek-R1模型、OpenAI-o3模型等都属于推理大模型；通用大模型更注重通用任务的处理，如文本生成、翻译、分类等，如豆包、DeepSeek-V3模型等。推理大模型和通用大模型之间的主要差异如表4-5-1所示。

表4-5-1 推理大模型和通用大模型的主要差异

项目	推理大模型	通用大模型
特点	逻辑性强。	多样性高。
优势	数学推导、逻辑推理、因果分析、代码生成、复杂问题拆解等。	文本生成、创意写作、多轮对话、开放性问答等。
劣势	发散性任务（如诗歌创作）。	需要严密逻辑推理的任务（如数学证明）。
输出结果	包含逻辑链条，展示推理过程。	直接给出结论或结果，可能较简略。
提示语	提示语更凝练，无须详尽指导。	需要明确的推理步骤指引，提示可以帮助弥补使用者认知能力的不足。
使用注意	仅在其训练目标领域显著优于通用大模型。	通用场景更灵活，但专项任务需依赖提示语补偿能力。
主要产品	DeepSeek-R1、GPT-o3等。	DeepSeek-V3、GPT-4、豆包等。

（2）DeepSeek-R1模型使用技巧。作为推理大模型的代表之作，和市面上其他通用大模型相比，DeepSeek-R1模型具有一定的语义推理能力，可以使对话更加"省心省力"。需要注意的是，DeepSeek-R1模型通过强化学习已能自行生成更优质的思维链条。在运用DeepSeek-R1等推理大模型时，如表4-5-2所示几种提示语策略已被证实效果不佳，某些提示语甚至可能产生负面效果。

表4-5-2 效果不佳的提示语

无效提示语	原因
思维链引导	DeepSeek-R1模型通过强化学习已能自行生成更优质的思维链条。人为指导模型逐步思考或提供解题思路这类策略不仅无效，还可能适得其反。
结构化提示	利用Markdown格式来增强信息的结构清晰度仍然可行，但由于所需提示内容减少，其必要性也随之降低。

（续表）

无效提示语	原因
角色扮演	DeepSeek-R1模型本身就具备专家级的思维能力。在需要从特定学科角度解答时，也仅须指出学科领域，无须指定专家角色。
少量示例提示	DeepSeek团队在DeepSeek-R1的技术报告中明确建议避免使用这种技巧。明确表达要求比提供示例更为关键。
解释已知概念	无须对已知概念进行解释。例如，在模仿某位作家或名人的风格时，无须说明该作家是谁或其风格特点，模型能够自行理解和深入解构所提供的概念。

【工具介绍】

通用型文本生成类工具。

图 4-5-1　DeepSeek 官网界面

DeepSeek是由杭州深度求索人工智能基础技术研究有限公司开发的一款大语言模型，其具备强大的文本处理能力，尤其在中文理解和生成方面表现卓越。DeepSeek-R1模型具有极为优秀的推理能力，这使得教师在使用时无须输入详细的提示语，即可获得完善的回答。除此之外，教师甚至可以通过向大模型学习来提升自身解决相关问题的思维和水平。

【应用案例】

作为一名初中数学教师，李老师希望利用生成式人工智能来辅助设计"二元一次方程组"这一节课的课前引入环节，以提升学生的学习兴趣。下面，以DeepSeek-V3模型和DeepSeek-R1模型为例，对比在简单提示语下，通用大模型和推理大模型回答的差异。

（1）与DeepSeek-V3模型对话。

第一步：进入DeepSeek（官网：https://chat.deepseek.com）。若初次登录，须使用微信扫码或用手机号登录。

图4-5-2　登录DeepSeek

第二步：登录完成后，教师可在输入框中输入提示语："你是一名初中数学老师，请你设计'二元一次方程组'这节课的课前引入环节。"，然后在键盘上敲下回车键，或用鼠标点击【↑】发送指令。

图4-5-3　对DeepSeek-V3模型进行提问

DeepSeek-V3模型的部分回答如下：

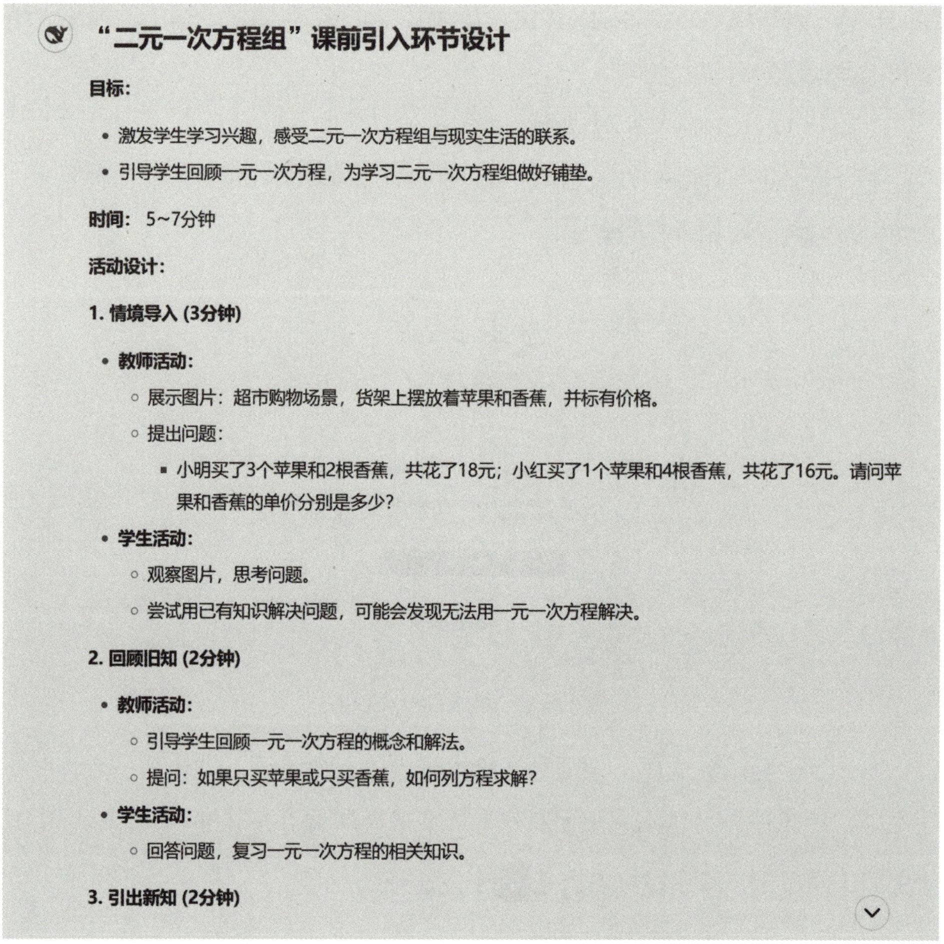

❀ "二元一次方程组" 课前引入环节设计

目标:

- 激发学生学习兴趣，感受二元一次方程组与现实生活的联系。
- 引导学生回顾一元一次方程，为学习二元一次方程组做好铺垫。

时间: 5~7分钟

活动设计:

1. 情境导入 (3分钟)

- **教师活动:**
  - 展示图片：超市购物场景，货架上摆放着苹果和香蕉，并标有价格。
  - 提出问题：
    - 小明买了3个苹果和2根香蕉，共花了18元；小红买了1个苹果和4根香蕉，共花了16元。请问苹果和香蕉的单价分别是多少？

- **学生活动:**
  - 观察图片，思考问题。
  - 尝试用已有知识解决问题，可能会发现无法用一元一次方程解决。

2. 回顾旧知 (2分钟)

- **教师活动:**
  - 引导学生回顾一元一次方程的概念和解法。
  - 提问：如果只买苹果或只买香蕉，如何列方程求解？

- **学生活动:**
  - 回答问题，复习一元一次方程的相关知识。

3. 引出新知 (2分钟)

⌄

图 4-5-4　DeepSeek-V3 模型生成的部分回答

如图4-5-4所示，DeepSeek-V3直接给出了它的回答，且较为完善。下面让我们来看看DeepSeek-R1模型的表现。

（2）与DeepSeek-R1模型对话。

采用相同的步骤向DeepSeek进行提问，同时点击【深度思考（R1）】按钮，调整DeepSeek至R1模型，然后发送指令。

我是 DeepSeek，很高兴见到你！

我可以帮你写代码、读文件、写作各种创意内容，请把你的任务交给我吧~

你是一名初中数学老师，请你设计"二元一次方程组"这节课的课前引入环节。|

⊗ 深度思考 (R1)   ⊕ 联网搜索   📎   ↑

图 4-5-5   对 DeepSeek-R1 模型进行提问

DeepSeek—R1模型的回答如下。

⊗ 已深度思考 (用时 13 秒) ∧

嗯，用户是一位初中数学老师，需要设计"二元一次方程组"这节课的课前引入环节。首先，我得考虑初中生的认知水平和兴趣点，确保引入环节既有趣又能引发思考。可能需要从实际问题出发，让学生感受到学习二元一次方程组的必要性。

先回忆一下，学生之前已经学过一元一次方程，所以可以从复习旧知识入手，然后引入需要两个方程的情况。比如，可以用一个实际问题，比如买文具的问题，用两个未知数的情况，让学生意识到单独一个方程无法解决，从而需要引入方程组。

或者，可以用一个经典的鸡兔同笼问题，传统的题目可能更能引起学生的兴趣。比如，头和脚的数量，问鸡和兔各有多少只。这时候如果学生尝试用一元一次方程解决，可能会比较麻烦，而用两个方程的话会更直接。这样可以让学生体会到二元一次方程组的优势。

另外，要注意互动性，让学生参与进来，比如先让他们自己尝试解决，再引导他们发现困难，进而引入新知识。比如先让学生用学过的一元一次方程解鸡兔同笼，然后提出有没有更简便的方法，或者当问题复杂时，是否有更有效的方式。

还要考虑时间的安排，课前引入不宜过长，大概5-10分钟。需要设计一个简洁的情境，快速抓住学生的注意力，同时自然过渡到新课内容。

可能还需要使用多媒体或者实物道具来增加趣味性，比如图片或者简单的动画，展示问题情境。或者用学生生活中的例子，比如买饮料和零食，花费总金额的问题，这样更贴近他们的生活，更容易理解。

最后，要确保引入环节明确点出本课的目标，即当遇到两个未知数的问题时，需要联立两个方程来解，从而引出二元一次方程组的概念。同时，可以让学生初步了解解方程组的基本思路，为接下来的讲解做铺垫。

图 4-5-6   DeepSeek-R1 模型对问题进行"深度思考"

我们发现，DeepSeek-R1模型首先会给出它的思考过程，这类似于人类的"元认知"活动。该部分向我们清晰地展示了它思考和解决问题的过程。随后，DeepSeek-R1给出如图4-5-7所示的正式回答。

以下是"二元一次方程组"一课的课前引入环节设计，以生活情境启发思考，体现数学建模思想：

一、情境创设：校运会采购中的数学问题

（PPT展示图片）

"学校运动会需要采购饮料和面包，已知：

① 买 **2箱饮料 + 3袋面包** 共花费 **118元**，

② 买 **1箱饮料 + 2袋面包** 共花费 **68元**。

你能算出 **一箱饮料和一袋面包各多少钱** 吗？"

学生活动：

1. 独立思考1分钟，尝试用已有知识（一元一次方程）解决问题。

2. 小组讨论2分钟，记录遇到的困难。

二、认知冲突：单方程的局限性

请学生分享解法，预设两种情况：

- **尝试1：**设饮料单价为x元，则面包单价为(118-2x)/3元 → 代入第二个条件时出现复杂分数。

- **尝试2：**设面包单价为y元，则饮料单价为(118-3y)/2元 → 同样导致计算烦琐。

引导提问：

"为什么用一元一次方程解题步骤复杂？能否像'消消乐'一样同时处理两个未知数？"

三、历史链接：鸡兔同笼的智慧

（动画演示《孙子算经》鸡兔同笼问题）

"古代数学家用'抬脚法'巧妙消去一个变量，今天我们用代数方法实现类似思想——建立两个方程协同作战！"

四、板书课题：二元一次方程组

用彩色粉笔标出"二元"（强调两个未知数）、"联立"（突出方程协同），自然过渡到新课。

图4-5-7　DeepSeek-R1模型的部分正式回答

　　和DeepSeek-V3模型相比，DeepSeek-R1模型回答的逻辑更加清晰，内容更加丰富具体，在此类问题的回答中效果更佳。因此在采用简单提示语进行文本内容生成时，推荐与DeepSeek-R1模型进行对话。

【技巧提示】

　　（1）使用【联网搜索】，获取最新信息支持下的回答。联网搜索是DeepSeek的另一大功能，与深度思考（R1）功能的开启方式相同。开启联网搜索后，大模型会围绕问题对现有网页进行搜索，以确保回答的时效性。若不点开此功能，大模型仅能搜索到截至其上一次规模化训练时的数据（一般为几个月前）。

图 4-5-8　DeepSeek 联网搜索功能

（2）参考DeepSeek-R1模型的"思考过程"，提升自身解决问题的能力。DeepSeek-R1模型的"深度思考"呈现了其解决问题的逻辑过程，通常属于"专家思维"范畴，具有极大的参考价值。思考和模仿其问题解决的思路，可以帮助我们提高解决此类问题的能力，形成该问题领域的专家思维。例如，在"二元一次方程组"课前引入环节设计的例子中，DeepSeek-R1模型强调要关注学生的现有学情水平、学习兴趣、课堂互动性以及时间安排等方面，这对教师进行课前引入环节的设计具有方法论层面的启发。

拓展资源

· 祝智庭,戴岭,胡姣.高意识生成式学习:AIGC技术赋能的学习范式创新[J].电化教育研究,2023,44(6):5-14.

· 赵晓伟,祝智庭,沈书生.教育提示语工程:构建数智时代的认识论新话语[J].中国远程教育,2023,43(11):22-31.

· 赵铁军,许木璠,陈安东.自然语言处理研究综述[J].新疆师范大学学报(哲学社会科学版),2025,46(2):89-113.

- 张绒.生成式人工智能技术对教育领域的影响:关于ChatGPT的专访[J].电化教育研究,2023,44(2):5-14.

- 宛平,顾小清.生成式人工智能支持的人机协同评价:实践模式与解释案例[J].现代远距离教育,2024,(2):33-41.

- 刘明,吴忠明,廖剑,等.大语言模型的教育应用:原理、现状与挑战——从轻量级BERT到对话式ChatGPT[J].现代教育技术,2023,33(8):19-28.

- 冯庆华,张开翼.人工智能辅助外语教学与研究的能力探析:以ChatGPT-4o和文心大模型4.0为例[J].外语电化教学,2024,(3):3-12,109.

- 丁磊.生成式人工智能[M].北京:中信出版集团,2023.

- 陈颢鹏,李子菡.ChatGPT进阶:提示工程入门[M].北京:北京大学出版社,2023.

- Trust Insights.Instant Insights:The Trust Insights RACE AI Framework[EB/OL].[2024-2-9].https://www.trustinsights.ai/insights/instant-insights/instant-Insights-trust-insights-race-ai-framework/.

- 郭蕾蕾.生成式人工智能驱动教育变革：机制、风险及应对——以DeepSeek为例[J/OL].重庆高教研究,1-10[2025-03-13].https://www.link.cnki.net/urlid/50.1028.G4.20250310.1548.002.

- 陆道坤.颠覆与重构：DeepSeek引发的教育领域"蝴蝶效应"及应对[J/OL].新疆师范大学学报(哲学社会科学版),1-9[2025-03-13].https://doi.org/10.14100/j.cnki.65-1039/g4.20250227.001.

- 谢凡.遇见DeepSeek:AI时代的论文怎么写?[J].中小学管理,2025,(3):63.

模块五

用好GAI，为教师工作减负

> "教育从不单纯根据技术需求来变革。"
>
> ——祝智庭

5-1

三个设计，让工作方案更出彩

【场景描述】

在日常教学与管理工作中，教师经常需要撰写各类工作方案，如活动策划、培训讲座、项目报告等。面对繁杂的信息搜集、重点提取与细节打磨，要在短时间内写出一份条理清晰、可行性强的工作方案，对于不少教师而言较为棘手。因此，如何有效利用智能工具分析海量信息、精准提炼要点，实现工作方案从初步构想到最终成型的转变，是每位教师都需要掌握的一项重要技能。

【知识卡片】

（1）**工作方案的特点**：①全局性：工作方案通常是对某一工作主题或项目的整体规划和设计，而不仅是局部或个别任务。②指导性和可操作性：方案包含具体的工作内容、方法、步骤和预期成果等，同时提供可以付诸实践的具体实施步骤。③灵活性：可以根据实际情况进行必要的修改和完善，以确保工作的顺利进行。④预见性：在制订时需要考虑未来可能的变化，预测可能遇到的问题和挑战，并制订相应的应对措施。

（2）**工作方案与工作计划的区别**。工作方案和工作计划都是组织管理中常用的规划工具，但它们在内容、目的和表达手法上存在区别。

表5-1-1　工作方案与工作计划的区别

区别	工作方案	工作计划
内容	通常包含指导思想、主要目标、工作重点、实施步骤、政策措施、具体要求等。	主要关注任务的进度和完成时间，通常包含明确的目标、任务分解、时间安排和资源需求等。
目的	以更好地整合资源、优化工作流程，保障工作顺利实施。	确保各项工作有序进行，提高工作效率。
表达手法	在写法上，方案的内容较为详细，表述更具宏观性和指导性。	通常遵循较为固定的格式和结构，如标题、正文、时间节点等，注重执行过程的细节和时间安排。

【工具材料】

通用型文本生成类工具。

【应用案例】

每当提笔，你是否总觉得思绪纷繁，却难以形成清晰可行的工作方案？别担心，本节将以撰写"生成式人工智能赋能课堂教学"专题培训讲座的工作方案为例，借助GAI辅助搜集相关素材、分析方案制订关键点和难点、迭代完善工作方案。下面以智谱清言（官网：https://chatglm.cn）为例，与其进行多轮对话，为你生成所需的工作方案。智谱清言工具的介绍及基本操作详见4-3节。

第一步： 在文本框输入工作方案需求。提示语示例：**朱老师计划举办"生成式人工智能赋能课堂教学"专题培训讲座，请为朱老师设计这次培训讲座的工作方案。** 智谱清言的部分回答如图5-1-1所示。

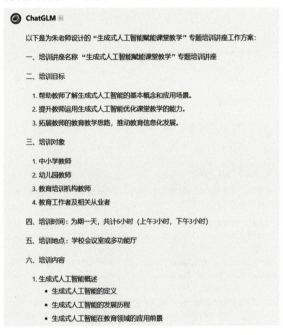

图 5-1-1 智谱清言生成的工作方案部分内容

通过提问，智谱清言给出了一份结构较为完整的工作方案，但其生成的内容较为笼统，没有重点，还需要通过提示语进一步优化。

第二步： 继续完善工作方案，从以下三小步进行优化。

①搜集素材、挖掘需求。 搜集与讲座主题相关的政策文件、期刊论文等素材，挖掘有用信息。

一方面，教师可自主收集相关素材，再进行上传。如根据讲座主题，选取《生成式人工智能教育与研究应用指南》《新一代人工智能发展规划》《生成式人工智能服务管理暂行办法》等政策文件和《生成式人工智能与未来教育形态重塑：技术框架、能力特征及应用趋势》《生成式人工智能赋能教师教学：现状与思考——基于上海职业院校的调查》等期刊论文。文件上传位置如图5-1-2所示。

图 5-1-2　上传文件的界面

另一方面，若教师不知道有哪些相关的政策、论文等素材，或面临筛选难题，可直接向智谱清言提问，快速定位。提示语示例：**朱老师要开设"生成式人工智能赋能课堂教学"的培训讲座，帮朱老师找一些与生成式人工智能及其教育应用有关的国家政策或权威期刊论文**。智谱清言的部分回答如图5-1-3所示。

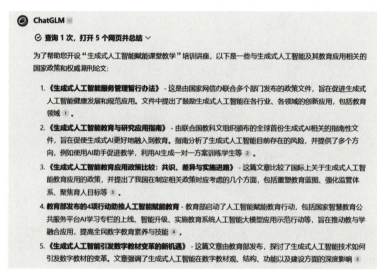

图 5-1-3　智谱清言查询并总结的相关国家政策和权威期刊论文

智谱清言根据输入请求，整合并简单分析了关于生成式人工智能及其在教育领域应用的相关政策文件、权威期刊论文等，且提炼出了文件的核心观点，为教师撰写讲座的工作方案提供了素材与参考。

②**深入分析、摸透情况**。在获取足够多的素材后，教师可对其进行深入分析，识别出方案制订中的关键点和难点。例如，分析智谱清言为教师搜索到的政策文件，提炼其中提到的GAI教育应用场景、政策支持、技术发展趋势、伦理和安全等方面，以确定培训讲座的重点；分析搜集到的期刊论文，提取GAI教育应用案例、效果评估、挑战和解决方案等，以丰富培训内容。当材料多、

时间紧时，教师也可以直接让智谱清言帮忙分析。

提示语示例：请深入分析你搜集到的上述材料，提取其中与讲座有关的内容，确定讲座的关键点和难点。

智谱清言的部分回答如图5-1-4所示。

ChatGLM AI

根据搜集到的材料，以下是与您讲座“ 生成式人工智能赋能课堂教学 相关的内容，以及确定讲座的关键点和难点：

讲座关键点

1. **生成式人工智能的定义和应用：**
   - 解释生成式人工智能的基本概念，即基于算法、模型、规则生成文本、图片、声音、视频、代码等内容的技术。
   - 强调其在教育领域的应用，如个性化教学、智能辅导、学习资源动态生成等。
2. **国家政策与指导原则：**
   - 根据《生成式人工智能服务管理暂行办法》，介绍国家对于生成式人工智能在教育领域应用的政策支持和监管要求。
   - 引用《生成式人工智能教育与研究应用指南》，阐述联合国教科文组织对生成式人工智能在教育中应用的全球性指导和伦理原则。
3. **教育领域的实际应用案例：**
   - 介绍教育部推出的4项行动，展示国家智慧教育公共服务平台如何通过AI赋能教育。
   - 分析《生成式人工智能引发数字教材变革的新机遇》中提到的生成式人工智能如何促进数字教材的变革，包括内容动态生成、个性化学习方案等。
4. **挑战与风险：**
   - 根据《生成式人工智能教育应用政策比较：共识、差异与实施进路》，讨论在教育应用中可能遇到的挑战，如数据安全、偏见、伦理问题等。

图 5-1-4 智谱清言分析并生成工作方案的关键点和难点

根据上述素材，智谱清言列出了“生成式人工智能赋能课堂教学”讲座的关键点与难点，包括生成式人工智能的定义和应用、相关国家政策与指导原则、实际应用案例等，这能够帮助教师在撰写工作方案时抓住重点，避免偏离主题。此外，智谱清言识别出的潜在难点，还可以帮助教师预先规划，制订应对策略。

③征求意见、集思广益。在初步形成工作方案后，教师可广泛听取意见、不断迭代完善。一是听取各方意见：在人工审阅完成定稿后，也可以将方案提交给相关人员，如教师代表、学校管理层、教育专家等，收集他们的反馈与建议。二是利用群体智慧：举办讨论会或研讨会，鼓励参与者提出创新想法和解决方案，进一步优化和完善培训方案。三是再用生成式人工智能：复制工作方

案中的部分或全部内容，向智谱清言再次提问该方案有哪些地方可以改进，或交由另一个文本内容生成类工具（如文心一言、讯飞星火等）进行修改完善。下面以直接提问智谱清言为例。

提示语示例：

"生成式人工智能赋能课堂教学"讲座工作方案

一、讲座主题与目的

本次讲座以"生成式人工智能赋能课堂教学"为主题开展培训，旨在提升教师对生成式人工智能技术（GAI）的认识，培养其在课堂教学中的应用技能，解决实际操作中的问题，促进经验交流，并推动AI技术在教育领域的创新发展。

二、讲座背景

随着人工智能技术的快速发展，GAI在教育领域的应用日益受到关注。生成式人工智能能够创造新的内容、提供个性化学习方案，从而提升教学效果和学习体验。然而，如何有效利用这一技术，确保其融入课堂教学，成为教育工作者面临的新挑战。本讲座旨在帮助教师理解GAI的基本原理，掌握其在教学中的应用方法，并探讨相关的国家政策和伦理问题。

三、目标听众

培训对象为中小学及高等教育机构的教师和教学管理人员。

四、讲座内容

1. 生成式人工智能的时代背景：AI发展历程与生成式人工智能的崛起，GAI在教育领域的应用前景。

2. 生成式人工智能基本概念与技术原理：GAI的定义、工作原理及应用场景。

3. 国家政策与规范解读：解读《生成式人工智能服务管理暂行办法》，分析《生成式人工智能教育与研究应用指南》中的相关政策建议。

4. 生成式人工智能在教育中的应用实践：典型应用案例分享——个性化学习、智能辅导、教学辅助等，实践中的挑战与解决方案。

5. 生成式人工智能在教育应用中的伦理问题探讨。

6. 讲座互动环节。

7. 总结与展望：总结讲座要点，强调GAI在教育中的重要作用及展望其未来发展趋势。

请你帮朱老师分析一下，这份工作方案还有哪些部分需要优化？如有，请你给出理由与具体优化方案。

智谱清言生成的部分回答如图5-1-5所示。

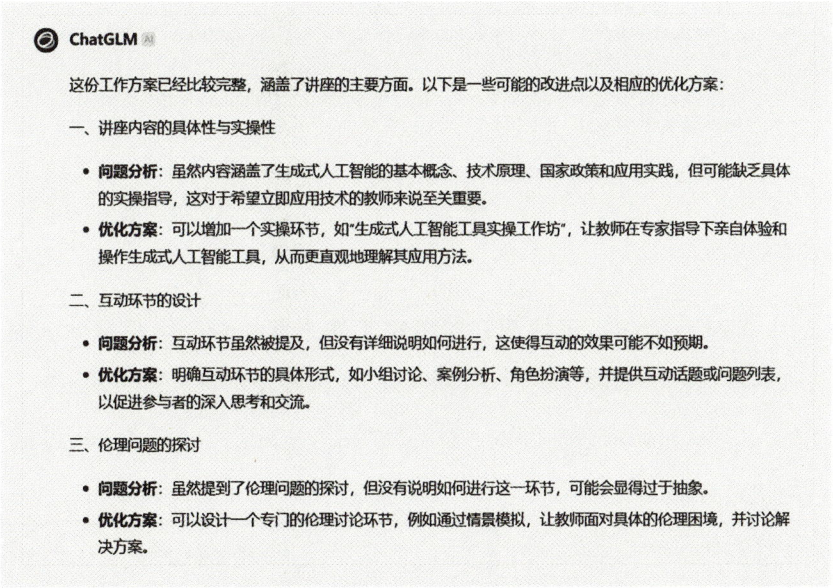

ChatGLM

这份工作方案已经比较完整，涵盖了讲座的主要方面。以下是一些可能的改进点以及相应的优化方案：

一、讲座内容的具体性与实操性

- **问题分析**：虽然内容涵盖了生成式人工智能的基本概念、技术原理、国家政策和应用实践，但可能缺乏具体的实操指导，这对于希望立即应用技术的教师来说至关重要。
- **优化方案**：可以增加一个实操环节，如"生成式人工智能工具实操工作坊"，让教师在专家指导下亲自体验和操作生成式人工智能工具，从而更直观地理解其应用方法。

二、互动环节的设计

- **问题分析**：互动环节虽然被提及，但没有详细说明如何进行，这使得互动的效果可能不如预期。
- **优化方案**：明确互动环节的具体形式，如小组讨论、案例分析、角色扮演等，并提供互动话题或问题列表，以促进参与者的深入思考和交流。

三、伦理问题的探讨

- **问题分析**：虽然提到了伦理问题的探讨，但没有说明如何进行这一环节，可能会显得过于抽象。
- **优化方案**：可以设计一个专门的伦理讨论环节，例如通过情景模拟，让教师面对具体的伦理困境，并讨论解决方案。

图 5-1-5 智谱清言给出的部分优化建议

可以看到，智谱清言给出了讲座内容的具体性与实操性、互动环节的设计、伦理问题的探讨等方面的优化意见，为工作方案的修改提供了新思路。教师可选择性采取其给出的建议，如继续追问：根据你提出的“互动环节虽然被提及，但没有详细说明如何进行，这使得互动的效果可能不如预期”这一修改意见，重新修改并给出修改后的工作方案。智谱清言生成的部分回答如图5-1-6所示。后续，教师还可进行多次提问，让智谱清言持续优化工作方案。

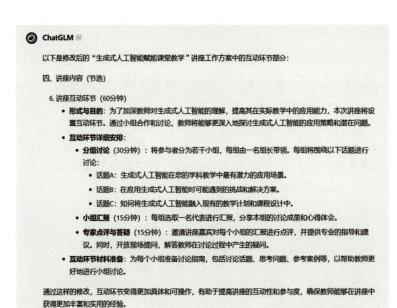

图 5-1-6　智谱清言迭代工作方案

【技巧提示】

（1）创建智能体，更快更轻松撰写工作方案。相较于直接向大模型提问，教师根据自己的教学风格、学校的教学资源以及培训对象的学习特点来定制智能体，由智能体生成的工作方案会更加贴合实际需求，后期需要调整和修改的时间也会大幅缩短。除此之外，智能体还支持教师上传知识库文件，创建专属的工作方案助手。教师可以点击智谱清言界面左侧的【创建智能体】按钮，在弹窗中输入一句话描述所需智能体，再点击【生成配置】按钮（见图5-1-7）。智谱清言会自动配置智能体的Logo、名称、简介、配置信息、模型能力等（见图5-1-8）。

图 5-1-7　创建智能体弹窗

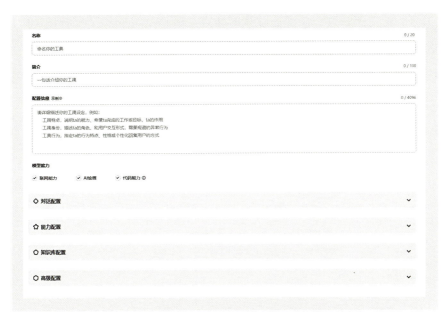

图 5-1-8 智能体信息配置界面

（2）用"灵感大全"轻松写需求，进一步优化工作方案。智谱清言的界面右侧有【灵感大全】功能（见图5-1-9），其提示区收录了300多个场景的需求模板，教师可以通过选择身份卡片来获得相关灵感。例如，选择【老师】角色，就会出现有关培训方案、活动方案、满意度调查等场景的提示语句。教师也可通过【编辑后发送】功能在原有模板上修改后再发送。

图 5-1-9 灵感大全页面

（3）**长文档解读，快速提取素材要点。**智谱清言的长文档解读功能能帮助教师快速解读长文档内容，提炼出核心观点或者大纲（见图5-1-10）。教师可以上传与工作方案相关的素材（政策、期刊论文、案例等）的PDF文档，通过长文档解读，既可快速了解文档的核心内容，还能对文档内容进行提问、翻译等操作。

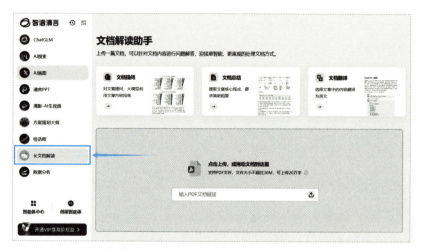

图 5-1-10　长文档解读助手界面

5-2

三大妙招，优化工作总结

【场景描述】

在日常的教学与管理工作中，教师时常面临时间紧、任务重的挑战，尤其是到了学期末，撰写工作总结往往成了一项烦琐而耗时的任务。工作总结既需要回顾过去的教学成果，又要总结经验教训，还需规划未来的发展方向。从梳理教学要点到组织文字表述，编写一份深入而精炼的工作总结需要耗费大量精力，无形中增加了教师的"写作压力"。因此，有效利用GAI工具撰写工作总结可成为缓解教师工作压力的重要途径。

【知识卡片】

工作总结是教师对特定时期内教学活动、师生互动、研究进展及个人发展等方面的深入回顾与反思。这一过程不仅有助于教师反思教学、提高教学质量，还有助于教师整合经验、锚定未来发展方向。一篇出色的教师工作总结应涵盖教学实践和个人成长两大方面，涉及具体教学、学生成长、成效反思、家校联通、专业提升、目标规划、心得体会等要素，如表5-2-1所示。

表 5-2-1　工作总结要素

维度	要素	说明
教学实践	具体教学	细致地描绘所教授课程的精髓、教学目标及实施计划，并凸显在教学手法和策略上的革新与探索。

（续表）

维度	要素	说明
教学实践	学生成长	全面地评估学生的学习成效、进步轨迹以及对特殊需求的有效响应，深刻地剖析学生在求知路上所遭遇的障碍及其根源。
	成效反思	客观地展示教学过程中的成功实例与改进空间，批判性地反思教学方法、课程内容和师生互动的成效。
	家校联通	公正地评价与家长的沟通效果及其对学生学习态度和学业成绩的积极影响。
个人成长	专业提升	宏观地介绍参与的专业培训、学术研讨会、研究计划及所取得的学术成就，展现这些经历如何促进了个人教学技能和学科知识的显著提升。
	目标规划	明确地设定下一阶段的教学和研究目标，具体地规划为实现这些目标将要采取的策略和方法。
	心得体会	真挚地分享在教学和互动过程中形成的观点和感受。

【工具材料】

通用型文本生成类工具。

【应用案例】

朱老师是一名小学语文教师，所带班级一年级（3）班有42名幼升小的学生。此外，朱老师还兼任了班主任工作，手头工作十分烦琐。作为一名新教师，朱老师撰写工作总结经验较少，现在朱老师要撰写9月开学第一周的工作总结，如何借助大模型帮助朱老师快速完成一篇工作总结呢？以下是使用智谱清言撰写工作总结的具体步骤，智谱清言的介绍及基本操作详见4-3节。

第一步：初步拟定。进入智谱清言官网（https://chatglm.cn），输入提示语，如：朱老师是一名小学语文教师，所带班级一年级（3）班有42名幼升小的学生。此外，朱老师还兼任了班主任工作。现在请你帮助朱老师撰写9月开学第一周的工作总结。智谱清言生成的部分回答如图5-2-1所示。

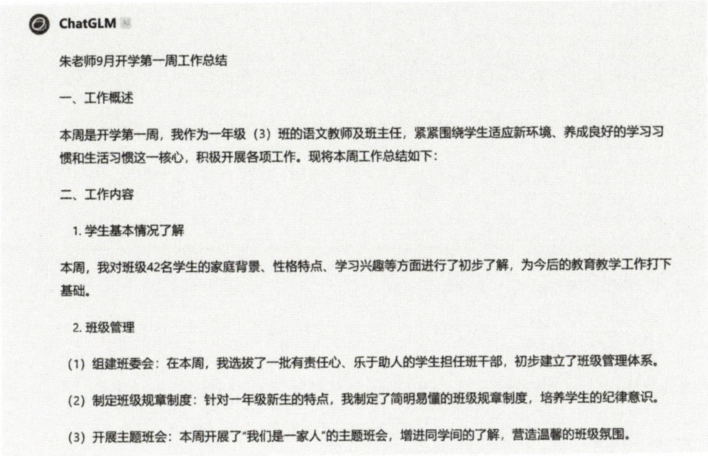

ChatGLM

朱老师9月开学第一周工作总结

一、工作概述

本周是开学第一周，我作为一年级（3）班的语文教师及班主任，紧紧围绕学生适应新环境、养成良好的学习习惯和生活习惯这一核心，积极开展各项工作。现将本周工作总结如下：

二、工作内容

1. 学生基本情况了解

本周，我对班级42名学生的家庭背景、性格特点、学习兴趣等方面进行了初步了解，为今后的教育教学工作打下基础。

2. 班级管理

（1）组建班委会：在本周，我选拔了一批有责任心、乐于助人的学生担任班干部，初步建立了班级管理体系。

（2）制定班级规章制度：针对一年级新生的特点，我制定了简明易懂的班级规章制度，培养学生的纪律意识。

（3）开展主题班会：本周开展了“我们是一家人”的主题班会，增进同学间的了解，营造温馨的班级氛围。

图 5-2-1　智谱清言生成的回答

通过简短的询问，智谱清言给出了一个较为全面的工作总结，然而其内容较为平淡。

第二步：完善提示语。根据智谱清言生成的回答和实际情况，可重新设计或者进一步细化和完善提示语。如：朱老师是一名小学语文教师，所带班级一年级（3）班有42名学生。此外，朱老师还兼任了班主任。现在，朱老师要撰写9月开学第一周的工作总结。这一周，朱老师主要做了3件事：①召开开学主题班会；②建立家校联络群；③拟定学期建设目标。智谱清言生成的部分回答如图5-2-2所示。

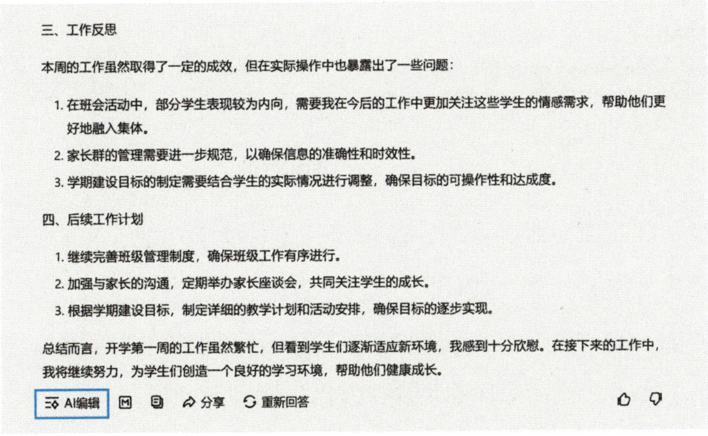

三、工作反思

本周的工作虽然取得了一定的成效，但在实际操作中也暴露出了一些问题：

1. 在班会活动中，部分学生表现较为内向，需要我在今后的工作中更加关注这些学生的情感需求，帮助他们更好地融入集体。
2. 家长群的管理需要进一步规范，以确保信息的准确性和时效性。
3. 学期建设目标的制定需要结合学生的实际情况进行调整，确保目标的可操作性和达成度。

四、后续工作计划

1. 继续完善班级管理制度，确保班级工作有序进行。
2. 加强与家长的沟通，定期举办家长座谈会，共同关注学生的成长。
3. 根据学期建设目标，制定详细的教学计划和活动安排，确保目标的逐步实现。

总结而言，开学第一周的工作虽然繁忙，但看到学生们逐渐适应新环境，我感到十分欣慰。在接下来的工作中，我将继续努力，为学生们创造一个良好的学习环境，帮助他们健康成长。

图 5-2-2　智谱清言生成的回答及 AI 编辑功能

第三步：借助"AI编辑"功能优化发言提纲（见图5-2-3）。点击回答框左下方的【AI编辑】按钮进入AI编辑界面，支持对生成的回答进行全文或特定部分内容的扩写、缩写、示例、总结、翻译以及进一步提问的操作，并可将调整后的内容进行替换、插入、复制、导出PDF等操作，有助于高效实现人机协同撰写发言提纲。

例如，若对智谱清言生成回答中的"召开开学主题班会"这一部分不满意，可先选中这句话，直接选择【扩写】【缩写】【示例】【总结】或【翻译】等智能编辑操作，也可以在输入框中输入修改指令，如输入："在这一部分中，朱老师还强调了时间观念。"

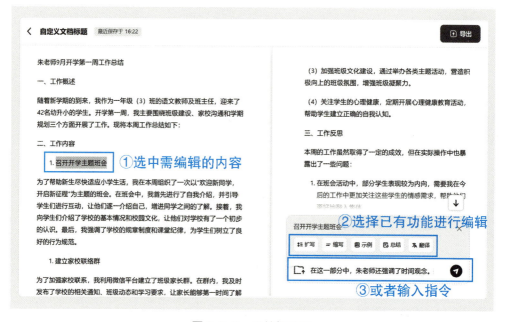

图 5-2-3　AI 编辑界面

第四步：针对新生成的回答，还可执行【替换】功能，在原回答的基础上选择要替换的文字，将新生成的回答替换到相应的位置；也可执行【插入】功能，选中要插入的位置，插入新生成的回答。若对生成的回答不满意，可点击【重新回答】按钮。执行多次编辑操作，以达到理想效果。

完成以上编辑操作后，可勾选左侧界面中工作总结全文，输入提示语"润色全文"对全文进行二次加工润色。点击界面右上角的【导出】按钮，即可将最新生成的回答导出为PDF文档。这样，教师就得到了一份工作总结文档。

图 5-2-4　AI 编辑界面对新回答的操作

【技巧提示】

（1）**结合岗位职责，完善工作总结。**岗位职责是教师工作的基础，它规定了教师需要履行的基本职责。在撰写工作总结时，对照岗位职责可以帮助教师全面地审视自己的工作。例如，对于班主任来说，岗位职责可能包括学生管理、家校沟通、班级文化建设等。因此，教师在借助GAI总结某一项具体工作时，可上传相关工作记录给GAI学习，并给出提示语，要求GAI从问题描述、原因分析、改进措施、实施计划等方面撰写工作总结。

（2）**运用数据量化，提高说服力。**在撰写教师工作总结时，数据的运用是提高说服力的关键。工作总结中可以加入学生课堂参与度、学生成绩提升率、作业完成率等数据，以直观地展示教师工作的成果。教师可借助智谱清言等通用型文本生成类工具的文件上传功能，将这些数据"喂"给大模型，并提示大语言模型在工作总结中加入量化数据，提高说服力。

5-3

三大锦囊，升华发言提纲

【场景描述】

在日常的教学与学术交流中，教师常常需要在家长会、教学研讨会、学术讲座等场合发言，这些场合不仅考验教师的专业素养，更对教师的表达能力提出了高要求。发言提纲作为发言的蓝图和指南，其重要性不言而喻。一份优秀的发言提纲不仅能帮助教师更好地梳理思路，还能让教师在发言时更加自信从容，确保信息传递的准确性和有效性。然而，在准备发言提纲时，教师往往会遇到诸多困难，比如如何条理清晰地组织语言、如何精准地把握时间分配、如何确保发言既全面又深刻等。为解决这些问题，教师可以借助GAI工具的创意文本生成功能，提升发言提纲撰写的质量和效率。

【知识卡片】

发言提纲和发言稿是准备发言的两个重要工具。发言提纲帮助构建发言框架，确保内容完整、逻辑清晰；而发言稿则提供了详细的文本，使发言更加具体、生动。在实际应用中，可以根据发言的正式程度、个人偏好以及时间限制等因素，灵活选择使用发言提纲还是完整的发言稿。相比发言稿而言，发言提纲在准备口头表达时具有更高的灵活性、更好的记忆辅助、可促进即兴发挥与互动以及适应不同场合等优点。一份好的发言提纲应具备如表5-3-1所列的特征。

表 5-3-1 好的发言提纲的特征

特征	说明
鲜明的标题	确保标题直观而富有吸引力，精准展示演讲精髓。
精彩的开场	精彩绝伦的开场白，能迅速俘获听众的注意力，并明确传达演讲的主旨。
明确的目标	精心设定具体而清晰的演讲目标，为听众指引方向。
严谨的结构	①主题精炼：以简洁有力的语言直击演讲主题； ②要点有序：按照逻辑性和条理性精心排列关键信息点； ③案例贴切：选取生动的实践案例，深化听众对论点的理解； ④互动活跃：巧妙设计问题和活动，激发听众的参与热情。
顺畅的逻辑	确保演讲内容环环相扣，流畅自然，便于听众跟随。
严格的控时	对演讲的每个环节进行细致的时间规划，确保整个演讲节奏紧凑、有序。

【工具材料】

通用型文本生成类工具。

【应用案例】

明日，朱老师将出席"市优秀教师"表彰仪式，作为优秀教师代表，需要上台发言。但由于工作繁忙，她还未能得空撰写发言提纲。时间实属紧迫，朱老师于是决定先借助智谱清言撰写一份发言提纲，再结合自身感悟修改完善。智谱清言工具的基本操作详见4-3节。实现发言提纲的高质量生成，可参考以下三个锦囊。

锦囊一：提供知识输入

（1）上传日常撰写的文本材料用以学习：为了让智谱清言的表达能更好地贴合教师个人风格，可向大模型提供大量日常撰写的文本材料，尤其是发言提纲或发言稿。提供的材料越多，越能帮助大模型学习教师的语言习惯和表达

特色。进入智谱清言官网，点击【上传文件】按钮，点击【本地文件选择】上传文本材料（见图5-3-1），在输入框中输入提示语：请你根据上传的文件，学习朱老师日常发言风格。

图 5-3-1　上传日常文件的界面

智谱清言生成的回答如图5-3-2所示。

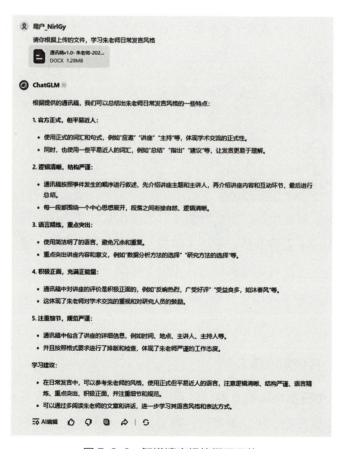

图 5-3-2　智谱清言提炼撰写风格

（2）**输入即兴演讲结构**：有效的即兴演讲结构对在不同场合都能够灵活发言至关重要。引导GAI更好地生成符合即兴演讲结构的发言提纲，可采用以下几种提示语结构：①"过去＋现在＋未来"的时间轴结构；②"观点＋原因＋举例＋总结"的逻辑框架；③"问题＋原因＋解决方案"的模式，引导智谱清言撰写提纲。如，输入提示语：在学习了朱老师的语言风格后，请你根据"过去＋现在＋未来"的时间轴结构为朱老师撰写一份"市优秀教师"表彰仪式发言提纲。

智谱清言生成的回答如图5-3-3所示。

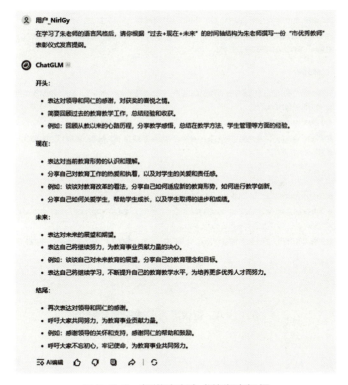

图 5-3-3　智谱清言生成的发言提纲

锦囊二：明确发言要求

（1）**明确时间要求**。明确发言的时间长度，GAI可以更有效地安排提纲的结构，包括每个部分的时长分配，这有助于发言者清晰地了解整个发言的流程和节奏。如，输入提示语：在学习了朱老师的语言风格后，请你根据“过去+现在+未来”的时间轴结构为朱老师撰写一份3分钟的“市优秀教师”表彰仪式发言提纲。智谱清言生成的回答如图5-3-4所示。

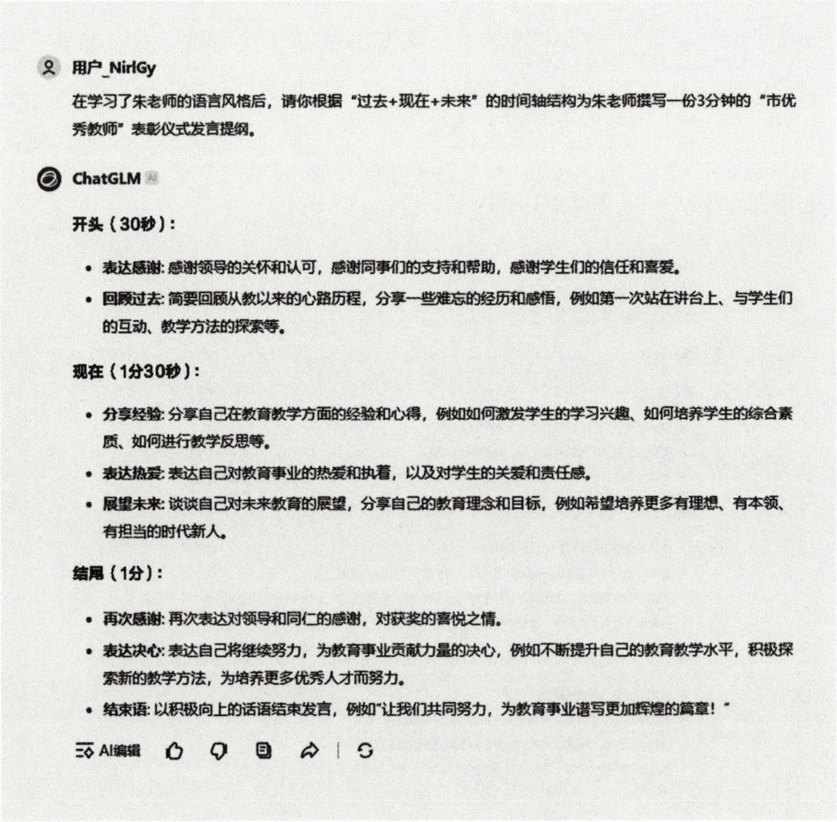

用户_NirlGy

在学习了朱老师的语言风格后，请你根据“过去+现在+未来”的时间轴结构为朱老师撰写一份3分钟的“市优秀教师”表彰仪式发言提纲。

ChatGLM

开头（30秒）：

- **表达感谢：**感谢领导的关怀和认可，感谢同事们的支持和帮助，感谢学生们的信任和喜爱。
- **回顾过去：**简要回顾从教以来的心路历程，分享一些难忘的经历和感悟，例如第一次站在讲台上、与学生们的互动、教学方法的探索等。

现在（1分30秒）：

- **分享经验：**分享自己在教育教学方面的经验和心得，例如如何激发学生的学习兴趣、如何培养学生的综合素质、如何进行教学反思等。
- **表达热爱：**表达自己对教育事业的热爱和执着，以及对学生的关爱和责任感。
- **展望未来：**谈谈自己对未来教育的展望，分享自己的教育理念和目标，例如希望培养更多有理想、有本领、有担当的时代新人。

结尾（1分）：

- **再次感谢：**再次表达对领导和同仁的感谢，对获奖的喜悦之情。
- **表达决心：**表达自己将继续努力，为教育事业贡献力量的决心，例如不断提升自己的教育教学水平，积极探索新的教学方法，为培养更多优秀人才而努力。
- **结束语：**以积极向上的话语结束发言，例如“让我们共同努力，为教育事业谱写更加辉煌的篇章！”

AI编辑

图5-3-4　智谱清言明确时间分配

（2）明确受众。不同的受众可能对语言风格和用词有不同的偏好。明确受众后，GAI可以调整提纲中的语言和风格，使其更符合受众的接受习惯，从而增强发言的吸引力和感染力。如，输入提示语：朱老师正在参加“市优秀教师”表彰仪式，请你在学习了朱老师的语言风格后，根据“过去+现在+未来”的时间轴结构为朱老师撰写一份3分钟的发言提纲，受众是来自全市的优秀教师代表和上级领导们。

智谱清言生成的回答如图5-3-5所示。

用户_NirlGy

朱老师正在参加"市优秀教师"表彰仪式，请你在学习了朱老师的语言风格后，根据"过去+现在+未来"的时间轴结构为朱老师撰写一份3分钟的发言提纲，受众是来自全市的优秀教师代表和上级领导们。

ChatGLM

开头（30秒）：

- **表达感谢**：感谢领导的关怀和认可，感谢同事们的支持和帮助，感谢学生们的信任和喜爱。
- **回顾过去**：简要回顾从教以来的心路历程，分享一些难忘的经历和感悟，例如第一次站在讲台上、与学生的互动、教学方法的探索等。
- **强调责任**：表达对教育事业的热爱和责任感，以及对学生成长的影响。

现在（1分30秒）：

- **分享经验**：分享自己在教育教学方面的经验和心得，例如如何激发学生的学习兴趣、如何培养学生的综合素质、如何进行教学反思等。
- **展示成果**：展示自己的教学成果，例如学生的进步、获奖情况等，体现自己的教育教学水平。
- **表达热爱**：表达自己对教育事业的热爱和执着，以及对学生的关爱和责任感。
- **展望未来**：谈谈自己对未来教育的展望，分享自己的教育理念和目标，例如希望培养更多有理想、有本领、有担当的时代新人。

结尾（1分）：

- **再次感谢**：再次表达对领导和同仁的感谢，对获奖的喜悦之情。
- **表达决心**：表达自己将继续努力，为教育事业贡献力量的决心，例如不断提升自己的教育教学水平，积极探索新的教学方法，为培养更多优秀人才而努力。
- **寄语同仁**：鼓励各位优秀教师继续努力，为教育事业贡献力量，例如"让我们共同努力，为教育事业谱写更加辉煌的篇章！"
- **结束语**：以积极向上的话语结束发言，例如"让我们携手并进，为培养更多优秀人才而努力奋斗！"

AI编辑

图5-3-5 明确受众后的回答

（3）**明确发言要点。**当提示语中明确列出发言要点时，GAI能够更直接地理解发言的核心内容，从而快速生成符合要求的提纲。明确的要点可以避免GAI生成的提纲偏离主题，确保提纲的准确性和针对性。如，输入提示语：朱老师正在参加"市优秀教师"表彰仪式，请你在学习了朱老师的语言风格后，根据"过去+现在+未来"的时间轴结构为朱老师撰写一份3分钟的发言提纲，观众是来自全市的优秀教师代表和上级领导们。演讲的主要内容包括：1. 多多参加教研活动，将理论运用于教学实践中；2. 感谢领导的关心和支持。

智谱清言生成的回答如图5-3-6所示。

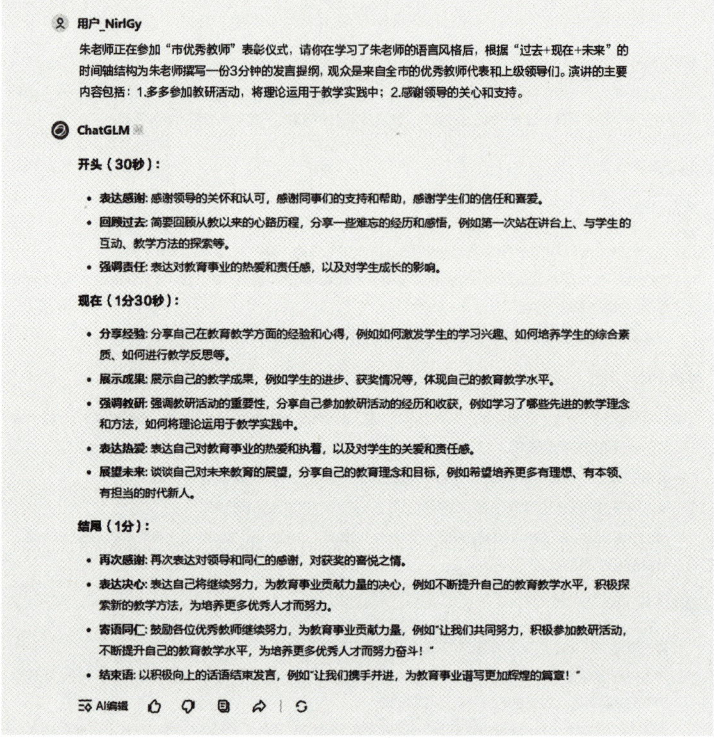

图 5-3-6　明确发言要点后的回答

锦囊三：人机协同优化

（1）**迭代优化**。利用智谱清言等大语言模型，借助"AI编辑"功能（具体介绍详见上一节），对智谱清言生成的回答进行追问和迭代。如，要求智谱清言重新分配各部分的发言时间，可选中发言提纲全文，输入提示语：**请你重新分配各部分发言时间，总结部分简明扼要**。同上一节的操作，可对新生成的回答执行替换、插入、重新回答等操作。执行多次编辑操作，以达到理想效果。

（2）**生成发言稿示例**。复制定稿后的发言提纲，并引导GAI依据发言提纲生成一份发言稿，为发言表达提供参考。点击AI编辑界面左侧上方的【＜】按钮，即可退出"AI编辑"界面，然后在智谱清言对话界面输入提示语：

……##此处为粘贴的发言提纲##

请你在此发言提纲的基础上，面向全市优秀教师代表和上级领导们，生成一份发言稿。

智谱清言生成的回答如图5-3-7所示。

尊敬的领导、亲爱的同行们：

大家好！在这个充满荣誉和喜悦的时刻，我无比荣幸能站在这里，与大家分享我的教学经历和感悟。首先，请允许我表达对各位领导、同事的敬意和感谢，是你们的支持与鼓励，让我在教育的道路上不断前行。

回顾过去，时光荏苒，我从一名初出茅庐的新教师，成长为今天站在这里的"市优秀教师"。这一切，都离不开我积极参与的教研活动。在无数次的教研中，我深刻体会到，理论是实践的指南，实践是理论的检验。正是这些宝贵的教研经历，让我将所学的理论知识，巧妙地运用到教学实践中，使我的课堂更加生动、有效。

在现在的工作中，我深切感受到教研活动带来的成果。通过不断学习、实践、反思，我的教育教学水平得到了显著提升。我将最新的教育理念融入课堂，激发了学生的学习兴趣，提高了他们的思维能力。同时，我也意识到，团队的力量是无穷的。在教研活动中，我与同事们共同探讨、共同进步，为教育教学的创新贡献了自己的力量。

展望未来，我将继续保持谦逊好学的心态，积极参与教研活动，不断提升自身综合素质。我相信，教师只有不断成长，才能更好地服务于学生，助力他们全面发展。同时，我也愿意将我的经验和感悟分享给更多的同行，让我们携手共进，为我市的教育事业共创辉煌。

在此，我要衷心感谢领导的关心和支持。是你们为我们创造了良好的成长环境，提供了丰富的学习资源。感谢同事们的陪伴和帮助，在教育的道路上，我们相互扶持，共同成长。感谢家长和学生的信任，是你们让我更加坚定地走在教育之路上。

最后，我相信，在大家的共同努力下，我市的教育事业必将迎来更加辉煌的明天。祝愿各位领导工作顺利，祝愿各位同行在教育教学中取得更多成绩。谢谢大家！

图 5-3-7 智谱清言生成的发言稿

【技巧提示】

（1）**设计巧妙的类比。** 在撰写发言稿时，多使用形象的类比可以帮助听众更直观、更生动地理解你要表达的观点。类比是通过将抽象或复杂的概念与听众熟悉的事物相比较，从而简化理解过程，不仅形象生动，而且有利于听众理解和记忆。例如，输入提示语：**请你在经验分享部分使用形象的类比，帮助观众更好地吸收经验。**

（2）**设计互动环节。** 在发言提纲中设计互动环节，不仅能够增加发言的趣味性，还能帮助听众更好地理解和记忆发言的内容，也可以通过互动环节检验听众是否理解你的观点和你所传达的信息。例如，输入提示语：**请你在发言提纲中的经验分享环节设置一个互动环节。**

拓展资源

- 张磊.智能时代人机协同学习的价值意涵与实践进路[J].教学与管理,2024,(28):6-11.

- 武朝尉,乔旺龙,徐玮彤,等.利用私域大模型生成政府工作总结的探索与实践[J].数字经济,2024,(5):55-59.

- 王佑镁.AIGC应用指南:智能时代的必修课[M].浙江:浙江大学出版社,2024.

- 秦丹,张立新.人机协同教学中的教师角色重构[J].电化教育研究,2020,41(11):13-19.

- 穆肃,陈孝然,胡小勇.教师专业发展视域下智能教研平台功能分析[J].现代远距离教育,2024,(2):23-32.

- 刘文勇.AIGC重塑教育:AI大模型驱动的教育变革与实践[M].北京:机械工业出版社,2023.

- 李蕾,刘钊,王栩彦.用户体验视角下ChatGPT辅助信息检索的可用性研究[J/OL].情报理论与实践,1-12[2024-10-29].

- 黄荣怀.人工智能大模型融入教育:观念转变、形态重塑与关键举措[J].人民论坛·学术前沿,2024,(14):23-30.

- 胡小勇,许课雪,张缨斌.面向教师画像的能力精准测评和可视化呈现[J].中国电化教育,2024,(1):104-110.

- 贺玮,颜京莉,刘桓秀,等.数字转型视野下乡村教师对国家中小学智慧教育平台的持续使用意愿研究[J].现代教育技术,2024,34(8):59-68.

模块六

用好GAI，生成优质教学资源

> "教育不在于灌输，而在于点燃火焰。"
>
> ——苏格拉底

6-1

必备利器，变身灵魂画手

【场景描述】

生成式人工智能工具已在图像处理领域掀起了一场革命，它们能够智能识别和编辑图像内容，支持相似图片生成、图片风格转换等操作，甚至能够从零开始，根据文本描述生成图像。在教学工作中，教师时常需要给教学PPT配图，对教学图片进行二次加工等，在备课环节中常常占用教师大量时间。因此，教师借助图片生成类工具生成教学需要的图像素材，不仅能减轻工作负担，还能将抽象概念具象化呈现，帮助学生理解。

【知识卡片】

（1）图片类教学资源的类型。①静态数字化图片：线上线下教学中均可使用，用途广泛，一般是教师在教学PPT中使用的图片。②动态数字化图片：以图片对象的动作、顺序、变化等为重点的图片，如汉字笔顺的GIF动图，在展示的过程中可以告诉学生笔顺的名字、横平竖直的写法、每一笔的书写注意要点等。

（2）图片类教学资源的特点。①直观性：图片代表的意义一般是通用的、易于理解的，能够提升信息加工的速度，降低学生理解的难度。②形象性：图片可以将抽象的内容具体化，揭示了宏观与微观、整体与局部之间的关系，帮助学生从整体上把握知识点之间的联系。③启发性：图片可以用于揭示意义、明晰道理、探索情境等，在这个过程中可以锻炼学生观察、分析、比较和归纳等方面的能力。④趣味性：图片能够在一定程度上缓解单一语言讲解的枯燥，形式新颖，有助于调动学生的学习兴趣和积极性。

【工具材料】

通用型图像生成类工具、智能图片处理工具。

图 6-1-1　通义万相官网界面

通义万相是一种通用型图像生成类工具，能够根据教师的文本描述生成各种风格和主题的图像。教师无需下载和安装，可在网页端直接登录使用。通义万相能够根据教师输入的文字内容，生成水彩、扁平插画、二次元、油画、中国画、3D卡通等多种风格的图像，同时支持涂鸦作画、相似图片生成、图像风格迁移、艺术字生成等操作，为教师备课和创新教学模式等带来了全新的可能。

【应用案例】

教师可以通过访问通义万相官网（https://tongyi.aliyun.com/wanxiang/creation），登录账号，点击【应用广场】，里面有【文字作画】【涂鸦作画】【相似图生成】【风格迁移】等多种功能可供选择。教师可以根据自身需要选择对应功能来创作图像。

图 6-1-2　通义万相应用广场

案例一：根据文本描述生成图片资源

黄老师正在准备《滕王阁序》的古诗鉴赏课，希望学生能够更具象地感受诗人所描绘的"落霞与孤鹜齐飞，秋水共长天一色"这一景象。为此，该教师在备课时借助通义万相的【文字作画】功能，通过AI画出景色图片，让学生直观感受古诗的魅力。具体操作步骤如下。

第一步：点击通义万相的【文字作画】功能。

图 6-1-3　文字作画功能

第二步： 在文本框内输入古诗描述。案例中直接输入需要描绘的古诗词：落霞与孤鹜齐飞，秋水共长天一色。点击【咒语书】按钮，可以设置个性化风格，以选择【印象派】为例。

图 6-1-4　文字作画操作步骤

第三步： 下方的【创意模版】可以根据需要自由选择风格，并调节【强度】。风格是图像生成中的一个重要元素，不仅影响图像的色彩和线条，还影响图像的整体氛围和情感表达。教师可以在【创意模版】中根据实际需要选择想要的艺术风格，如"3D卡通""简笔画""精致国潮"等。在本案例中选择

"治愈"风格，并调整【强度】按钮为0.5。此外，教师还可以直接通过文本描述指定想要的风格。

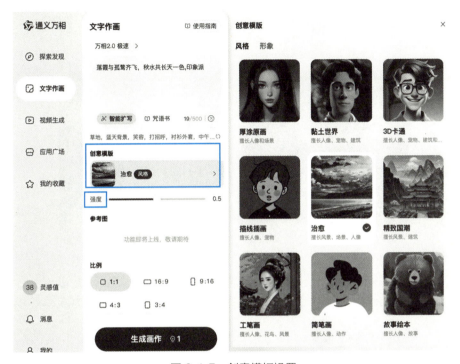

图 6-1-5　创意模板设置

第四步：点击【生成画作】按钮，通义万相即可生成与文字描述相符的图片。

图 6-1-6　生成的图片

第五步：下载图片。把鼠标移动到想下载的图片上，出现【下载图片】按

钮，点击即可下载。此外，教师还可以点击【☆】按钮收藏图片，或者点击
【✎】按钮对图片进行高清放大或者局部重绘。

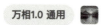

落霞与孤鹜齐飞，秋水共长天一色

图 6-1-7　下载图片

落霞与孤鹜齐飞，秋水共长天一色

图 6-1-8　编辑图片

案例二：根据相似风格迁移，生成指定风格图片

美术课上，黄老师为了让学生更为深刻地了解莫奈的绘画风格，计划让学

生借助通义万相的【风格迁移】功能生成具有莫奈绘画风格的风景画像。具体操作步骤如下。

第一步：选择【应用广场】中的【风格迁移】功能。

图 6-1-9　选择风格迁移功能

第二步：在图像区上侧选择【风格图】按钮，下侧选择【原图】。本案例在【风格图】中上传了莫奈具有风格代表性的著名作品《睡莲》，在原图中上传了一幅风景画图片。

图 6-1-10　上传图片

第三步：点击【生成画作】按钮，即可得到莫奈绘画风格的图片，下载操作同上。

图 6-1-11　图像风格迁移结果

案例三：生成相似图片

黄老师想在上课前和同学们玩一个"找不同"的游戏，以拉近师生之间的感情。于是，她利用通义万相中的【相似图生成】功能，创作"找不同"游戏的素材。具体操作步骤如下。

第一步：选择【应用广场】中的【相似图生成】功能。

图 6-1-12　选择【相似图生成】功能

第二步：在图像区上传参考图片，点击【生成画作】按钮。

图 6-1-13　相似图生成功能

第三步： 下载图片。通义万相生成了四幅与原图片相似的图片，教师可根据需求选择下载。

图 6-1-14　最终生成的结果

第四步： 删除多余元素。教师可以使用Magic Eraser工具对图片进行二次处理，它可以在几秒内删除不需要的对象、人物和文本等。

①进入Magic Eraser官网（https://magicstudio.com/zh/magiceraser），无需登录注册，点击【上传图片】按钮。

图 6-1-15　上传需要处理的图片

②用画笔工具选择要擦除的部分，点击【擦除】按钮，完成后点击【下载】按钮，即可免费下载低分辨率的图片，效果也较佳。虽然修改后的图片会覆盖上Magic Eraser的水印，但不影响教学使用。类似地，可对其他图片进行擦除操作，完成"找不同"游戏的素材准备。

图 6-1-16　对图片进行处理

图 6-1-17　下载图片

【技巧提示】

（1）**借助抠图工具，消除图片背景。**教师在使用通义万相智能生成图片之后，如果想要消除背景使之与PPT页面、微视频页面等更为融合，可以选择使用Removebg这款抠图工具（官网：https://www.remove.bg/zh）。其无需注册登录，操作便捷，能够自动识别主体层和背景层，实现快速抠图。

（2）**巧用豆包的图像生成。**除通义万相外，豆包（官网：https://www.doubao.com）也是一款用于图像生成的热门工具，拥有文生图、图生图、AI抠图、擦除、区域重绘、扩图等功能，同时还可直接以对话形式进行智能编辑，一句话解决"换背景""换风格""去路人""去水印"等问题。登录进入网站后，第一步如图6-1-18所示，点击左上角的按钮展开功能目录，选择图像生成功能，在左侧的输入框中输入提示语以生成画像，如"帮我生成图片：落霞与孤鹜齐飞，秋水共长天一色"；第二步如图6-1-19所示，在生成的图片中选择最喜欢的一张并点击，在右侧弹出的编辑框中进行编辑，可对图片进行区域重绘、扩图和擦除等操作；第三步如图6-1-20所示，如果对背景不满意，还可以点击【智能编辑】按钮，对图片背景进行更换、消除路人等操作，如输入提示语"帮我在背景中加入落日"，完成编辑后，点击【下载原图】按钮即可下载图片。

图 6-1-18 图像生成

图 6-1-19　图像编辑

图 6-1-20　智能编辑

6-2

创作神器，音乐制作不发愁

【场景描述】

音乐，作为人类共通的语言，能够跨越学科界限，启迪智慧，抚慰心灵。然而，如何高效、便捷地为学生提供丰富的音乐体验和学习资源，却常常让教师感到力不从心。音频生成类工具如网易天音、BGM猫的出现，不仅能够帮助音乐老师快速生成多样化的音乐片段、创新课堂活动，还能为其他学科的老师制作教学多媒体资源提供背景音乐、情境音效等，有望成为教师教学中的得力新助手。

【知识卡片】

（1）音乐类教学资源的育人功能。①美育功能：音乐是人类将内心所想的意象转化为一种特殊语言的形式，与其他艺术不同，音乐的美感是不能够直接判断的，而是需要听众拥有一定的文化层次以及自我审美的理念，其有助于培养学生的音乐审美。②德育功能：音乐蕴含着各式各样的情感，可以帮助学生感受教学内容的基调，如在讲解中华人民共和国成立的历史知识时，可以通过播放国歌来培养学生的爱国精神和爱国情感。③智育功能：通过参与鉴赏活动，学生可以深刻体验音乐家所要传达的特定思想或意境，可以学习到不同音乐的风格、民族特色以及时代背景，可以从音乐中识别出具体的乐器，根据音乐的音响特性将其与特定事物相联系。

（2）**音乐类教学资源的运用原则。**①适度性：在教学中不宜乱用、滥用音乐资源，明确其使用目的，切勿喧宾夺主。②适切性：引入的音乐资源要易于学生理解，与教学内容相符合、相贴近。③实用性：音乐资源利用了学生的听觉感受，会使其发生心理变化，使用的音乐资源不仅要能提升教学效果，还要有利于学生的心理健康。

【工具材料】

歌曲创作型音频生成类工具、纯音乐创作型音频生成类工具、智能配音工具。

图 6-2-1　网易天音官网界面

网易天音是一款歌曲创作型音频生成类工具，集成了作词、作曲、编曲、演唱、混音等功能，能够满足音乐创作的基本需求。教师无需下载和安装，可直接在网页端使用。网易天音提供了丰富的编曲模板，涵盖不同的情绪和风格。教师输入文本描述或意向词，其即可生成符合需求的歌词；教师输入关键词、和弦走向或选择音乐类型等，其即可生成完整的歌曲，包括词曲编唱。网易天音还支持对歌曲、歌词的编辑和修改。

图 6-2-2　BGM 猫官网界面

BGM猫是一款纯音乐创作型音频生成类工具，专注于提供背景音乐（BGM）制作服务。BGM猫支持在线使用，教师无需下载软件，可直接在网页端进行操作。BGM猫可以根据教师的需求智能生成符合要求的背景音乐；BGM猫还提供丰富的音乐类别选择，如史诗、爵士、轻音乐、钢琴、管弦、电子、古风、民谣、后摇、摇滚、R&B、复古等风格，教师可以根据视频主题或任务要求选择合适风格的背景音乐，满足不同创作需求。

【应用案例】

案例一：创作主题歌曲

黄老师是一名音乐老师，深感激发学生对音乐创作的兴趣与潜力的重要性。网易天音的出现，为满足学生的个性化创作需求提供了新的可能。于是，黄老师决定借助网易天音创作一首"散步西湖"的主题歌曲，探索其操作过程，为后续教学做好准备。具体操作步骤如下。

第一步：通过访问网易天音官网（https://tianyin.music.163.com）进行音乐创作。进入网站后，教师可以根据实际情况，选择微信、QQ、微博、网易邮箱账号等多种方式登录。

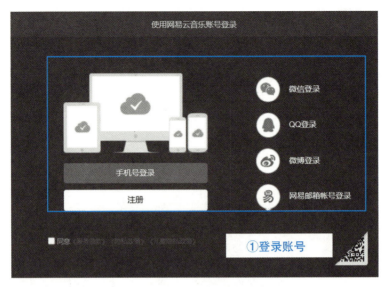

图 6-2-3　登录账号

第二步：选择【AI一键写歌】功能，点击【开始创作】按钮，就可以开始歌曲创作。

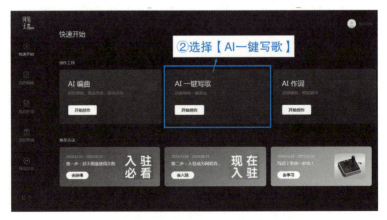

图 6-2-4　AI 一键写歌

第三步：在【新建歌曲】弹窗中，选择【关键字灵感】或【写随笔灵感】的音乐生成模式。以【写随笔灵感】为例，在文本框中输入灵感文字，输入

50~100字为佳，以便网易天音更好地理解教师想要表达的画面、情绪等，进而创作歌曲。

提示语示例：我在西湖边散步，轻风拂过柳枝，湖面泛起层层涟漪。夕阳的余晖洒在波光粼粼的水面上，像是撒了一层金粉。远处的雷峰塔在晚霞中若隐若现，湖中的荷花亭亭玉立，散发着淡淡的清香。

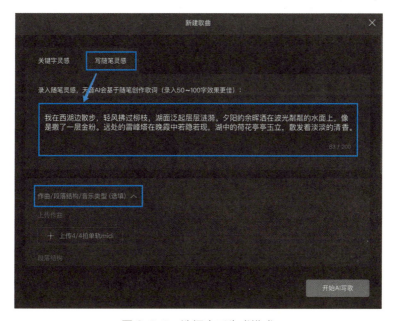

图 6-2-5　选择音乐生成模式

第四步：选填【作曲/段落结构/音乐类型】。段落结构中有三个选项：①Demo格式：在音乐制作中，Demo通常指的是歌曲的初步版本或样本，用于展示歌曲的基本构思和旋律。它不是一个特定的段落结构模式，而是歌曲创作过程中的一个阶段；②副歌模式：副歌是歌曲中重复出现的旋律和歌词部分，是歌曲中的精华部分，通常包含歌曲的主题思想，是歌曲中最吸引人的部分；③全曲模式：可以制作完整的歌曲，包含前奏、主歌、副歌、间奏、尾奏等。在本案例中选择段落格式为【Demo格式】、音乐类型为【民谣】。教师可以根据自己的需要选择对应的选项。选择完成后，点击【开始AI写歌】按钮。

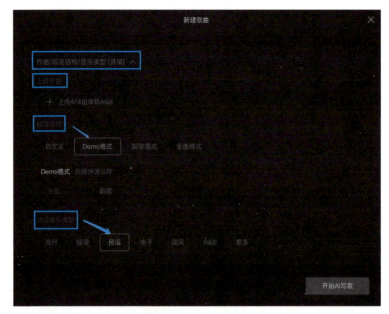

图 6-2-6　设置要求

第五步：网易天音自动生成音乐。教师可按照需求进一步修改歌手声音、伴奏音乐和生成的歌词，接着点击【试听】按钮，试听满意后再点击【导出】按钮导出歌曲；同时，调整过程中也要注意点击【保存】按钮，以保存好每一步操作。

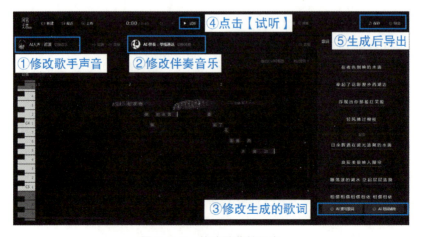

图 6-2-7　修改歌曲并导出

案例二：为视频创作背景音乐和配音

张老师是一名语文老师，正在准备《黄鹤楼送孟浩然之广陵》古诗词鉴赏课的微课教学资源，需要完成给微课视频配上一个符合"烟花三月下扬州"意境的背景音乐和解说的任务。利用BGM猫工具和TTSMaker（马克配音）工具梳理形成两个子任务：任务一是借助BGM猫工具创作背景音乐，任务二是借助TTSMaker（马克配音）工具生成配音并加入背景音乐。具体操作步骤如下。

任务一：借助BGM猫工具创作背景音乐。

教师通过BGM猫（官网：https://bgmcat.com/home）生成微课视频的背景音乐主要有两种方法：一是文字描述，二是勾选特定标签。

方法一：文字描述。

第一步：设置参数。选择【视频配乐】或者【片头音乐】，输入生成时长（30秒~5分钟），在文本框中输入纯音乐的文本描述，最后点击【生成】按钮。本案例选择【视频配乐】模式，输入时长为2分钟，在输入描述中直接输入古诗词"烟花三月下扬州"，最后点击【生成】按钮。

图 6-2-8 文字描述音乐

第二步：试听与下载。教师可以在如图6-2-9所示中点击左下方的播放键，试听BGM猫生成的音乐，如果不满意，可细化文本描述，重新生成；如果

对生成效果满意，点击【MP3】按钮即可下载。下载音乐中会带有音效水印，导出后可借助剪映等工具进行编辑。

图 6-2-9　试听与下载音乐

方法二：勾选特定标签。

选择【视频配乐】或者【片头音乐】，输入生成时长（30秒至5分钟），勾选标签，共有【风格】【场景】和【心情】三种类型的标签可以选择，每一类标签只能选择一个，最后点击【生成】按钮。本案例选择的是【古风】【庆祝/节日】【治愈/感动】。教师可根据实际需要来进行选择，生成个性化的背景音乐。纯音乐生成后，教师可试听与下载。

图 6-2-10　勾选标签生成音乐

任务二：借助TTSMaker（马克配音）工具生成配音并加入背景音乐。

TTSMaker（马克配音）（官网：https://ttsmaker.cn/?via=onetts.com）是一款免费的文本转语音工具，提供语音合成服务，支持多种语言，包括中文、英语、日语、韩语等50多种语言，以及超过300种语音风格。需要注意的是TTSMaker每周限制30 000个字符，但对于教师日常办公来说已足够使用。

第一步：生成配音。

①输入文本内容："故人西辞黄鹤楼，烟花三月下扬州。孤帆远影碧空尽，唯见长江天际流。"这是一首送别诗，出自唐代诗人李白的《黄鹤楼送孟浩然之广陵》，寄离情于写景，表达了诗人送别友人时无限依恋的感情，也写出了祖国河山的壮丽美好。其中，"烟花三月下扬州"一句紧承首句，写送行的时令与被送者要去的地方，以绚丽斑斓的烟花春色和浩瀚无边的长江为背景，极尽渲染，绘制出了一幅意境开阔、情丝不绝、色彩明快、风流倜傥的诗人送别画。"

②文本语言选择【中文】，输入的文本要和选择的语言类型对应。

③选择声音类型，支持普通话配音，也支持广东、四川、山东、东北、台湾五地方言配音，点击【试听音色】按钮即可试听声音。

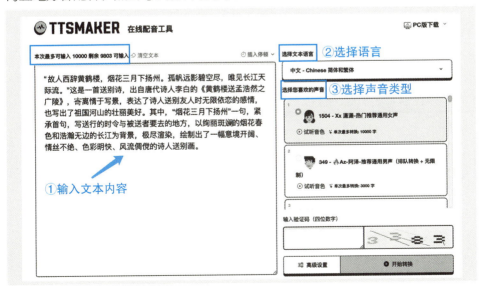

图 6-2-11 输入内容和选择语言、声音

第二步：调整参数并加入背景音乐。

④调整参数：点击【高级设置】按钮，按需调节文件下载格式、音频质量、语速、音量、音高、停顿时间等。

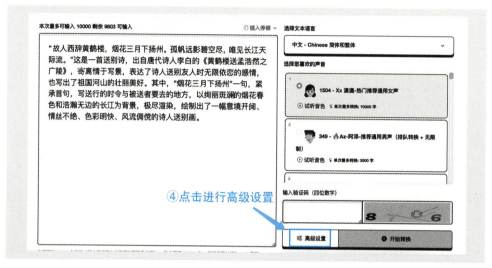

图 6-2-12　调整参数

⑤添加背景音乐：点击【BGM上传及管理】按钮，在弹出的窗口中点击【选取文件】按钮，选择刚下载好的背景音乐，点击【上传】按钮，上传成功后在下方按需进行音量设置、循环次数设置和播放延迟设置，最后点击【保存设置】按钮。

图 6-2-13　添加背景音乐

图 6-2-14　设置背景音乐并保存

第三步： 试听效果并下载。

⑥试听并转换：打开试听模式，输入验证码，点击【开始转换】按钮。

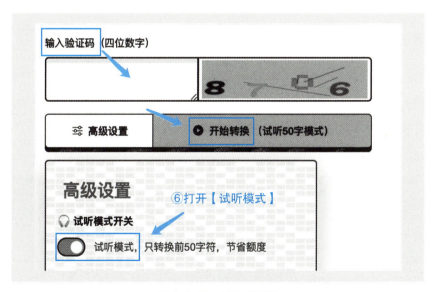

图 6-2-15　试听并转换

⑦下载音乐：试听满意后，点击【下载文件到本地】按钮，即可生成并下载带有背景音乐的配音。

图 6-2-16　下载配音文件

【技巧提示】

借助剪映工具，去掉音乐水印。教师在使用BGM猫免费下载的背景音乐中会带有声音水印，可以借助剪映等工具手动剪掉。剪映软件的下载和安装教程可参考6-5，以下是使用剪映去剪掉水印的具体操作步骤。

第一步：打开剪映，点击【开始创作】按钮。

图 6-2-17　使用剪映进行音乐剪辑

第二步：点击【导入】按钮，导入需要剪辑的BGM，拖动音乐素材到下方操作面板，准备进行剪辑操作。

图 6-2-18 导入 BGM

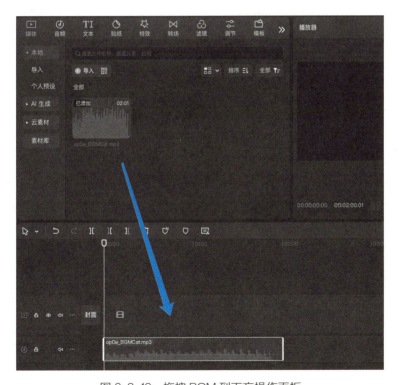

图 6-2-19 拖拽 BGM 到下方操作面板

第三步：选中下方的音乐文件，在播放器中点击【播放】按钮进行试听，听到水印音乐马上对音乐进行分割操作，即点击【分割】按钮对音乐进行分割，水印音乐结束后再分割一次。可以通过调节进度条重复几次操作，直到把水印完全分割开。

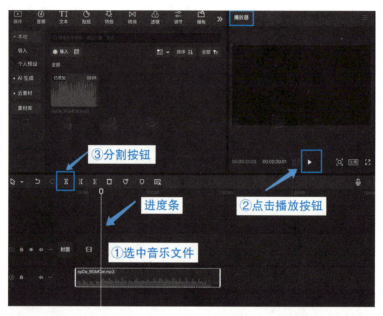

图 6-2-20　对 BGM 中的水印音乐部分进行分割操作

图 6-2-21　分割出的水印音乐部分

第四步：教师可以通过放大页面进行精准操作，选中水印音乐部分点击【删除】按钮，即可删除。

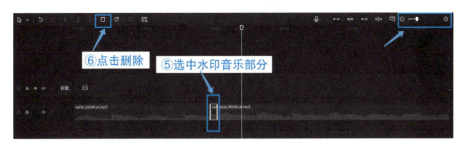

图 6-2-22 删除水印音乐部分

第五步：操作完一次之后把水印音乐后面的音乐放到下一栏，并往前移动，直到与上面的音乐部分完全衔接起来。这样操作可以使剪辑后的音乐在播放时不中断，从而抹掉剪辑痕迹。

图 6-2-23 将后面的音频向前移动

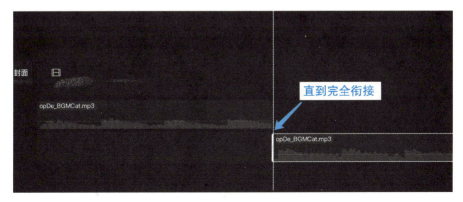

图 6-2-24 衔接两段音频

第六步：后面的音乐部分同上进行水印音乐剪辑操作，直到所有水印音乐都被删除。操作完成后，最后试听剪辑完的音乐，确认无误后点击右上方的【导出】按钮，按需对文件进行命名、设置保存位置以及设置导出格式等操作，最后再点击【导出】按钮，即可获得剪辑后的无水印音乐。

图 6-2-25　导出音乐

6-3

设计宝典，精美 PPT 快速生成

【场景描述】

PPT作为一种广泛使用的多媒体工具，能够呈现文本、图片、声音等多种信息，提升教学效果和学生的学习体验。PPT是教师传授知识的重要工具，PPT制作是教师备课中不可缺少的一环。要制作出一份与教学内容贴合且吸引学生眼球的PPT，教师往往需要花费大量的时间寻找PPT模板和图文素材、进行格式排版、色彩搭配等，因而容易产生"逃避心理"。而利用生成式人工智能工具强大的阅读理解和图文处理能力，可一键生成PPT初稿，极大地缩短了PPT制作周期，加速了教师备课进程。

【知识卡片】

（1）**PPT的特征。**①直观性与视觉吸引力：PPT通过图像、图表、动画和颜色等多种视觉元素，能够直观、生动地展示信息。②结构化与条理性：将复杂的信息组织成清晰、有条理的结构，通过幻灯片的形式逐步展开。③动态效果与灵活性：PPT不仅支持添加动画效果、触发器和交互按钮等元素，增强了演示的动感效果，还支持添加音频、视频、超链接等多媒体元素，提高了演示的灵活性。

（2）**PPT的设计原则。**PPT虽然可以提高教学效果，但有潜在负面影响。例如，包含过多元素和特效的PPT会导致喧宾夺主，形成信息冗余，影响学生大脑的信息加工系统。因此，教师在设计PPT时可遵循以下原则：①一致性原则：避免在PPT中包含无关的信息，以减少学生的认知负荷。②分段原则：信息应按用户节奏分段呈现，而不是以连续单元呈现，以提高学习效率。③空间临近原则：将视觉元素与相关的文本信息放置在一起，以促进信息的整合。④时间临近原则：视觉和文本信息应同时呈现，以避免增加学生在不同幻灯片或页面之间切换时的认知负荷。

【工具材料】

智能设计PPT型图文生成类工具、通用型文本生成类工具。

图6-3-1　讯飞智文官网界面

讯飞智文是一款智能设计PPT的图文生成类工具，可辅助教师从无到有生成PPT和解说词。教师无需下载和安装，可以在电脑网页端直接登录使用。讯飞智文具备图文生成功能，能够根据教师提供的主题词、文本内容、文档等资料，自动排版生成图文并茂的PPT，并能根据PPT内容精准生成解说词。此外，讯飞智文还支持多语种文档创作与编辑、多人在线协作编辑等功能，可满足教师多样化的PPT制作需求。

【应用案例】

近期新型诈骗案层出不穷，学校紧急安排每班班主任在下周一召开"防诈骗"主题班会。李老师近期事务繁多，为了提高工作效率，他尝试借助生成式人工智能工具制作PPT初稿，具体步骤如下。

第一步： 打开讯飞智文官网（https://zhiwen.xfyun.cn），通过微信扫码登录，并绑定手机号。

图 6-3-2　讯飞智文注册登录界面

第二步： 创建PPT。讯飞智文提供了一句话创建、文本创建、文档创建和高级创建4种PPT创建方式，使用者可根据自身需要任意选择一种方式。李老师只有"防诈骗"这一主题，而无其他内容，故而选择【一句话创建】方式。

图 6-3-3　一句话创建

第三步： 输入主题。选择好【一句话创建】后，根据AI的提示，按要求在输入框输入自己需要创建的主题，例如"防诈骗的主题班会"，然后点击【 ◹ 】按钮。

图 6-3-4　主题词输入

　　第四步：调整大纲。点击确认后，讯飞智文会迅速生成一个PPT大纲。教师可以通过编辑、拖拽大纲进行调整；如果对生成的大纲不满意，还可以点击【重新生成】按钮生成更符合需求的PPT大纲，调整完成后，点击【下一步】按钮。

图 6-3-5　大纲生成

　　第五步：选择模板，生成PPT。如图6-3-6所示为PPT模板选择界面，先选择【免费】，在出现的免费模板页面中选中喜欢的模板并点击【开始生成】按钮，即可一键生成PPT。

图 6-3-6　PPT 模板选择界面

第六步：添加演讲备注。点击【演讲备注】按钮，讯飞智文即可直接根据主题大纲、页面内容生成演讲文字稿。

图 6-3-7　演讲备注生成

第七步：美化调整、下载PPT。首先，可借助工具栏对字体、排版等进行调整。例如，使用【插入图片】功能，可将已有的图片素材插入生成的PPT中；如果对模板不满意，还可以点击【模板】按钮，直接替换新模板。最后点击【下载】按钮，即可下载制作好的PPT。

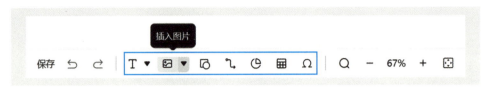

图 6-3-8　插入图片

图 6-3-9　替换模板

图 6-3-10　PPT 下载

【技巧提示】

（1）妙用"智文AI撰写助手"，快速优化演讲备注。智文AI撰写助手是文本生成助手，能够通过提示语优化PPT的演讲备注，为教师提供一站式服务。①点击PPT页面顶部的【智文AI】按钮。②选中备注框中的文案。③在提示框中输入改进要求，如"请帮我美化一下这段文本，引经据典，使其更有文化内涵和吸引力"。④点击回车键，勾选【新文本】字样，即可得到优化后的文案。

图 6-3-11　智文 AI 优化演讲备注

（2）巧用智能体一键生成PPT。除讯飞智文等智能设计PPT型图文生成类工具外，其他各类通用型文本生成类工具，如智谱清言、Kimi、豆包、文心一言、讯飞星火等，在其智能体中心也可搜索或选择PPT制作类的智能体工具（具体介绍详见7-5）。下面以智谱清言的PPT制作类智能体为例（智谱清言的具体介绍详见4-3），实现PPT制作。

第一步：选择智能体。可以选择智谱清言推荐的【清言PPT】智能体，也可点击进入【智能体中心】，在搜索框搜索"PPT"，选择其中一个智能体进行PPT制作。下面以"清言PPT"智能体一键生成PPT为例。

图 6-3-12　选择智能体

图 6-3-13　搜索智能体

　　第二步：选择PPT创建方式。可选择【粘贴文本】（文本内容可借助智谱清言大语言模型生成）、【上传文件】及【从URL导入】方式。接着，按"清言PPT"的指引，点击【下一步】按钮完成PPT的生成。最后，点击【下载PPT】按钮即可完成PPT的下载。

图 6-3-14　选择创建方式

图 6-3-15　下载 PPT

6-4

塑造密钥，打开专属数字分身

【场景描述】

数字分身，在本书中指代替真人角色在数字世界工作的虚拟数字人。虚拟数字人是一种通过计算机手段创造和使用，存在于数字空间中，其在外观、行为特征等方面展现出类人属性的综合体。虚拟数字人在微课录制、远程教学、双师课堂等多种教育场景中均具有代替真人角色的潜力，能够完成一些复杂程度不高的工作。教师学会创建、使用数字分身，既有助于创新课堂教学方式，又有助于减轻自身工作负担。

【知识卡片】

（1）概念辨析。"虚拟数字人"与"数字人"和"虚拟人"概念意思相近，但出现时间更晚，具体所指也有所不同，如表6-4-1所示。虚拟数字人融合了数字人和虚拟人的特性，既具有数字人的真实性，又在某些方面具有虚拟人的虚构性。虚拟数字人是通过计算机图形学、动作捕捉、人工智能等技术创建的虚拟实体，通常用于社交媒体、虚拟现实、增强现实等领域，可提供近似真人的互动体验。

表 6-4-1　特征对比

类型	虚实特征	人类形象特征
虚拟人	在数字世界中创建的虚拟实体，在现实世界中没有对应物。	形象由艺术家或设计师通过计算机设计和制作。
数字人	在数字世界中创建的、同时在真实世界中具有实际身份的数字实体。	形象与其代表的真人完全一致，可视为真人的数字孪生。
虚拟数字人	融合了数字人和虚拟人的特性，是存在于数字空间的虚拟实体。	通过数字技术制作，形象与真人近似。

（2）**虚拟数字人的关键技术。**①人工智能技术，使其具备理解人类语言、生成自然语言响应、学习和适应的能力。②计算机图形学技术，用于创建逼真的虚拟数字人形象，包括面部、身体、服装等细节，并通过渲染技术，增加虚拟数字人的细节，提高真实感。③语音合成与识别技术，语音合成技术使其能将文本转化为自然流畅的语音，实现"开口说话"；语音识别技术使其能将人类语音转化为文本，使虚拟数字人能够理解人类的语音输入。④动作捕捉与驱动技术，捕捉真人的动作和表情，通过算法和模型映射到虚拟数字人上，使其动作和表情更加自然和逼真。

（3）**虚拟数字人的教育应用。**①教学微课录制。确定教学微课主题及内容脚本，创建数字分身，让虚拟数字人代替真人教师出镜，完成微课视频制作。②课堂虚拟助教。创建以大语言模型为技术支持的虚拟数字人，扮演助理教师，在课堂中回答学生的问题、与学生游戏互动等。③数字陪练。以大语言模型为主要技术支持的虚拟数字人可为学生提供学习陪练服务，如日常口语练习、面试模拟等。

【**工具材料**】

虚拟数字人播报型视频生成类工具。

工具小卡片

腾讯智影

腾讯智影

可用版本
网页

推荐评价
★★★★

图 6-4-1　腾讯智影官网界面

腾讯智影是一款虚拟数字人播报型视频生成类工具，是一个专业的云端智能视频创作平台，支持数字人播报、视频剪辑、文本配音、自动字幕识别等功能。教师无需下载和安装，在网页端即可登录使用。腾讯智影拥有多种风格的虚拟数字人形象与海量资源库，支持自定义播报背景，满足教师个性化制作需求。其中，数字人播报功能可将文本快速转换为视频，教师只需输入播报文本并选择虚拟数字人形象，即可生成虚拟数字人播报视频。

工具小卡片

文小言

可用版本
手机应用（APP）

推荐评价
★★★★★

图 6-4-2　文小言官网界面

文小言，原文心一言APP，是一款虚拟数字人播报型视频生成类工具，是一个先进的云端智能内容创作助手，涵盖文本创作、内容润色、知识问答、创意激发、多语言转换等功能。其中的数字分身功能能够定制虚拟播报内容的生成助手，涵盖数字分身播报、内容定制、语音合成、智能字幕匹配等多元化服务。数字分身提供了丰富多样的数字分身形象与庞大的内容资源储备，能将文字内容转化为视频形式。教师只需简单输入文本并挑选合适的数字分身形象，即可迅速生成能够即时交流的智能助教。

【**应用案例**】

2024年，第33届夏季奥林匹克运动会在法国巴黎举办。一百年前，"更快、更高、更强"的奥运口号同样是在巴黎提出。为帮助学生更好地了解有关奥运会的历史，李老师想要借助虚拟数字人制作"奥运会的起源"的微课；同时，李老师也想创建一个虚拟数字人助教与学生就奥运会相关知识进行问答互动，帮助学生更为深入地了解奥运会的发展历史。李老师在明确目的后，梳理形成2个子任务：制作虚拟数字人播报微课和创建虚拟数字人助教。

任务一：制作虚拟数字人播报微课，以腾讯智影为例，实施步骤如下。

第一步：进入腾讯智影（官网：https://zenvideo.qq.com），点击【登录】按钮，可选择微信、手机号、QQ三种登录方式。

图 6-4-3　登录腾讯智影

第二步：选择【数字人播报】。

图6-4-4　数字人播报入口

第三步：在【数字人】中选择所需的虚拟数字人形象，可按需选取数字人的类型（免费或VIP）。

图6-4-5　选择数字人

第四步：在【背景】中选择与视频主题匹配的背景，可选择【图片背景】或【纯色背景】，也可以选择【自定义】，从本地上传背景。

图 6-4-6　选择背景

第五步： 根据需求添加与主题相符的素材，可选择导入已有素材，包括在线素材、贴纸、音乐、文字等（可导入本章先前生成的图片、音乐等多媒体素材）。

图 6-4-7　添加素材

第六步：在页面右侧描述需求，点击【创作文章】按钮即可智能生成文案。若已有文案，也可点击【导入文本】按钮直接导入文本。接着，可按需对智能生成的或导入的文本进行改写、扩写、缩写等优化操作，最后点击【保存并生成播报】按钮。

图 6-4-8 生成文案

第七步：对视频效果进行预览，在预览模式下不支持口型对齐，预览效果满意后选择合成完整视频。

图 6-4-9 预览并合成

第八步：选择合成视频后会自动跳转至【我的资源】，可按需对视频进行剪辑、下载等操作。对于尚未生成的草稿工程文件可在【我的草稿】中查看。

图 6-4-10　查看工程文件

任务二：创建虚拟数字人助教，以文心一言的数字分身创建为例，实施步骤如下。

第一步：在手机应用市场中搜索"文小言"，下载APP并登录。

图 6-4-11　下载文小言 APP

第二步：打开APP，点击底部的【＋】按钮，接着选择【创建智能体】。

图 6-4-12　点击【＋】　　　　图 6-4-13　创建智能体

第三步：在方框中输入一句话描述要创建的智能体，点击【AI生成配置】按钮。

示例：你是一名精通奥运会历史和知识的老师。

图 6-4-14　描述并生成智能体

第四步：按需对虚拟助教的头像、名称、声音、公开状态等进行个性化设置，完成后点击【发布】按钮即可创建虚拟助教。这里使用的是文小言智能生成的头像。

图 6-4-15　配置智能助教

第五步：以输入文字或语音的方式与智能助教进行实时对话。

图 6-4-16　通过文字或语音与智能助教对话

第六步：回到首页，在【我的】中选择所创建的智能助教。

图 6-4-17　选择智能助教

第七步：点击【📞】按钮，进入与智能助教的语音通话页面，实现与智能助教即时语音交互。在教学中，借助投屏技术，即可让学生与智能助教进行实时交互，了解更多奥运知识。

图 6-4-18　与智能助教进行实时语音交互

【技巧提示】

（1）**基于已有PPT/PDF制作课程。** 在利用虚拟数字人开发课程时，教师通常会提前准备课程PPT而非使用单一的背景，腾讯智影支持自行导入PPT或PDF，轻松实现个性化的课程开发（可使用本章先前生成的PPT）。

第一步： 在腾讯智影中选择【PPT模式】，上传本地的PPT或PDF。

图 6-4-19　上传 PPT/PDF

第二步： 此时系统会自动生成一个数字人，点击数字人，可以按需编辑数字人的服装、形状以及位置、角度和大小。且PPT模式下的虚拟数字人形象调整需按页调整。

图 6-4-20　调整数字人的服装与形状

图 6-4-21　调整数字人的大小、角度与位置

图 6-4-22　逐页调整

（2）上传人物照片生成动态形象，或上传卡通人物形象。在上述文小言的使用案例中，助教形象的图片是文小言根据描述AI生成的静态头像。①如果教师想要呈现出动态的人物形象效果，可在设置头像时上传人物照片（人物照片可使用豆包等工具生成，提示语示例"严肃证件照"，再对生成的图片进

行【扩图】操作，比例选择9∶16，以适配手机屏幕。豆包工具介绍详见6-1节），见图6-4-23，先点击设置头像处的【＋】按钮，在弹窗中选择上传人物照片的方式（可选【五张图片生成】或【单张图片生成】）。②如果教师想要使用卡通人物做头像，只能选择【创建静态头像】，选择最下方的【相册上传】方式，这是因为卡通人物形象无法实现动态效果。

图6-4-23　上传人物照片

　　（3）**动态数字形象数字分身的通话方式。** 上述案例中生成的是静态头像，通话方式是点击输入框左侧的【📞】按钮。如果教师创建的是动态数字形象，与数字分身通话时，需先点击头像、进入聊天界面后再点击麦克风，方可进入视频通话界面。

图 6-4-24　点击头像

图 6-4-25　点击麦克风

图 6-4-26　视频通话界面

（4）**警惕GAI技术风险**。生成数字虚拟人本质上是对人类面部信息的读取与重塑。若未经权利人同意违法生成其虚拟人像，将直接侵害其肖像权。此外，若生成的虚拟人像被违法恶意应用到某些场景时，如传播色情、暴力、邪教异说或丑化权利人形象，还可能侵害权利人的名誉权和荣誉权等。另外，人工智能被滥用的最大风险领域之一是生成和宣传虚假信息。其中最为突出的问题是网络电信诈骗，不法分子通过"AI换脸"技术合成视频与受害人视频通话。因此，我们在使用GAI工具时要增强安全意识，避免个人生物信息泄露。

6-5

制作帮手，一键打造微视频

【场景描述】

如今，微视频学习已经成为线下课堂学习的重要补充方式，它以短小精悍、易于消化的特点深受师生喜爱。有研究表明，在课堂中使用微视频教学，学生的学习专注度能得到有效提升。然而，想要制作出高质量的、能够吸引学生注意力的微视频作品并非易事，它需要教师具备一定的视频制作技能和创意；同时也需要教师耗费大量的时间和精力，这对教师而言往往是一个巨大的挑战。

【知识卡片】

一个优质的微视频应具备以下特征。

（1）**一个吸引眼球的题目**。标题是微视频的门面，一个吸引眼球的题目能够激发学习者的好奇心和继续探索的欲望。写好微视频题目的"六大招式"：①提问式——为什么搜索引擎搜不到你要的信息？②开门见山式——善于利用道具，给你的演讲加分。③对比式——普通手机如何拍出专业照片？④提炼式——四步轻松玩转抠图。⑤谐音式——区块链"链"接未来。⑥设疑式——神秘的404。

（2）**一个引人入胜的故事**。同样的内容，我们更喜欢听故事，因为故事精彩有趣，生动形象，能给听众留下深刻印象。因此在设计微视频的时候，可以借助故事的形式展开。设计好微视频故事线的"十六字箴言"：贴近主题、符合情境、关注细节、巧设悬念。

图 6-5-1　设计好微课故事线的"十六字箴言"

（3）N个出其不意的"小心机"。一点小巧思，许多大不同：①恰当的配音。需要考虑教学对象、内容主题、情感色彩等。②合适的音乐。音乐能够通过熏陶、感染、渲染等方式潜移默化地影响学习者的情感，更好地表达教学内容。③巧妙的设计。微视频中的文字样式、配图、音效、装饰等都会影响其表达效果，如在引导学生思考的环节配上"思考后灵光一现"的音效，能够提升微视频的趣味性，有效吸引学生的注意。

【工具材料】

无声视频生成类工具、有声视频生成类工具。

图 6-5-2　即梦 AI 官网界面

即梦AI是一款无声视频生成类工具，是一站式AI创作图片和视频的平台，能为一线教师提供强大便捷的文生视频或图生视频功能。教师只需输入简单的文字对视频内容进行描述，就可以快速生成优质的视频片段，并且可以对视频的运镜、运动速度、时长等进行选择，满足教师对制作教学资源的个性化需求。即梦AI能够根据教师输入的画面描述文本生成相应的视频画面，解决其寻素材的难题，大大节省了教师查找和制作视频资源的时间和精力。

图 6-5-3　剪映官网界面

剪映是一款有声视频生成类工具，是一款专业且易上手的视频剪辑和创作APP，涵盖视频拼接、自动识别字幕、添加特效等全面的剪辑功能，能够满足一线教师无需经过专业学习也能轻松制作视频教学资源的实际需求，支持手机、电脑端文件互通。其中，最能为一线教师减负增效的功能当属"图文成片"，教师可通过导入文案或选择关键词两种自动生成文案的方式一键生成微视频。这不仅大大降低了教师制作视频资源的技术门槛，还提升了教学资源的吸引力，使教学资源的共享与传播变得更加便捷。

【应用案例】

案例一：即梦 AI——根据文字描述生成无声视频

在日常教学中，教师可以在GAI的帮助下，通过简单生动的短视频向学生更好地展示知识点。例如在语文的古诗词教学中，教师可以输入相应的画面描述，快速生成与古诗词中描写的画面相对应的无声短视频，以丰富教学资源并优化教学效果。此处以杜甫的《望岳》为例，利用即梦AI生成一段诗人登高望远并发出感叹的无声短视频。

第一步： 进入即梦AI的官网（https://jimeng.jianying.com/ai-tool/home），注册登录后在首页选择【视频生成】。

图6-5-4 注册登录后开始生成视频

第二步： 选择【文本生视频】，在框内输入对所需视频画面的描述文本。

示例：一位古代诗人站在山顶上俯瞰山下的美丽风景，发出"一览众山小"的感叹。

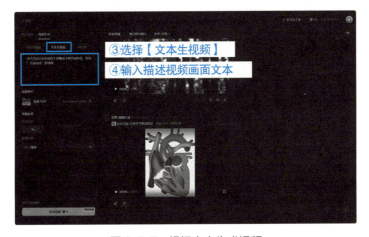

图6-5-5 根据文本生成视频

第三步：按需设置视频比例（如需对视频的运镜、运动速度、时长等进行详细设置，需在【视频模型】中进行设置），最后点击【生成视频】按钮进入下一步。

图 6-5-6　对视频进行个性化设置后生成视频

第四步：若对生成的视频不满意，可选择【重新生成】，满意后点击【下载】按钮即可保存。

图 6-5-7　重新生成或下载视频

案例二：即梦 AI——根据图片生成有声视频

除根据文本生成视频外，即梦AI还可以根据图片生成视频，并实现对口

型配音，将静态图片转化成动态视频，极大丰富了教学资源的多样性。下面以
"李白吟诗"的视频素材制作为例，展示即梦AI的图片生视频功能。

第一步：点击首页的【AI作图】—【图片生成】按钮，进入即梦AI的图片
生成功能，输入提示语"**李白面部**"，即可生成李白的图片。

图 6-5-8　图片生成

第二步：切换至【视频生成】—【图片生视频】功能界面，选中一张刚生
成的李白图片，长按左键将图片移到左侧图片框，并输入想要生成的画面和动
作的提示语，如"**李白摇头晃脑地吟诗**"，即可生成李白摇头晃脑的动态视频
（视频一般时长为5秒）。

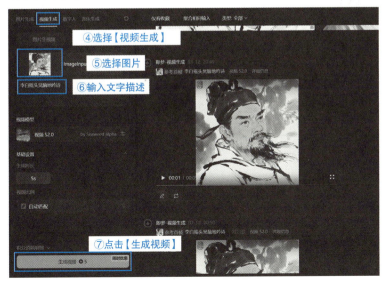

图 6-5-9　图片生成视频

第三步：在生成的视频下方，选择【对口型】功能，切换至【数字人】—【对口型】功能界面，输入想要朗读的文本提示语，如"床前明月光，疑是地上霜"，并选择朗读的音色以及调整说话速度，最后点击【生成视频】按钮，即可生成李白吟诗的动态视频。

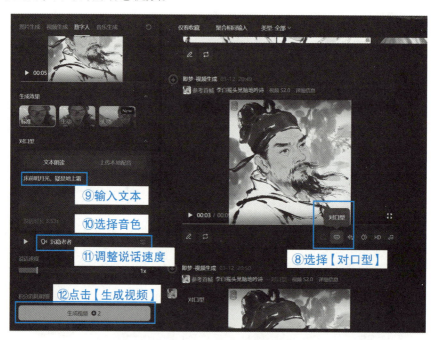

图 6-5-10　生成的对口型视频

案例三：剪映——根据主题生成有声视频

除了展示简单画面的短视频以外，教师有时候还需制作具有较长逻辑主线的有声视频来讲解知识点。例如在介绍一座城市的时候，教师可以从它的历史、文化、景点等出发，制作一个较为全面的介绍视频。此处以介绍"广州"为例，利用剪映自动生成视频文案并一键成片。

第一步：在剪映官网（https://www.capcut.cn）下载安装软件，在首页选择【图文成片】功能。

图 6-5-11　图文成片

第二步：文案编辑。若已有文案，可点击【自由编辑文案】按钮进入编辑界面。若未有文案，则可由剪映智能生成文案：先在左侧选择文案类型，如【旅行攻略】，并按提示补充文案信息。然后按需设置视频时长，如【不限时长】。最后，点击【生成文案】按钮即可一键生成视频文案。

注意：若是智能生成的文案，修改确定后，可复制文案进行保存，以备后继使用。

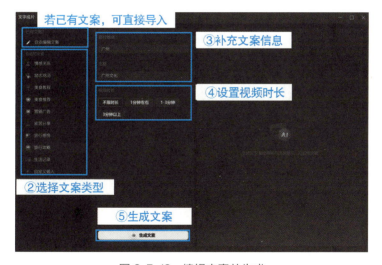

图 6-5-12　编辑文案并生成

第三步：按需选择合适的音色，生成视频。若未购买会员，可选择不带"VIP"后缀的音色，以免影响后续视频的导出；若已购买会员，则可任意选择音色。

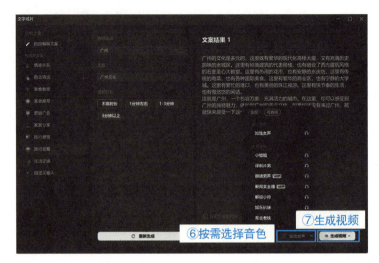

图 6-5-13　选择音色后生成视频

第四步：按需选择成片方式。这里选择【智能匹配素材】，让剪映根据文字自动匹配图片或视频素材。

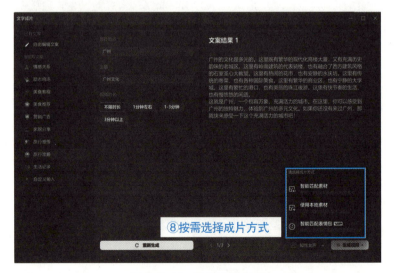

图 6-5-14　选择成片方式

第五步：进入剪辑页面，可按需对视频进行编辑，完成后点击【导出】按钮，可按默认设置导出视频。

图 6-5-15　按需编辑视频后导出

【技巧提示】

（1）人机协同修改微视频。教师可在剪映编辑区中对微视频内容进行调整，替换不够适配的素材，更新的素材可以是自己拍摄或录制的、网上下载的、智能生成类工具（如通义万相）生成的图片或音视频等。

（2）在剪映生成的微视频中加入虚拟数字人角色。教师若想要剪映智能生成的微视频中有虚拟数字人出镜，可将智能生成的视频导入腾讯智影（具体介绍详见6-4节）虚拟数字人播报的音视频生成类工具中。具体实施步骤如下。

第一步：剪映导出界面中，除勾选【视频导出】选项外，还需勾选【音频导出】选项，即导出视频及音频。

图 6-5-16　音频导出

第二步：在腾讯智影中的数字人工作台点击【我的资源】按钮，通过【本地上传】方式上传剪映导出的视频及音频。

图 6-5-17　上传视频及音频

第三步：为实现数字人播报声音与微视频画面一致，添加数字人后，可在数字人的播报内容编辑界面下方，选择【使用音频驱动播报】方式（区别于6-4节中介绍的文本驱动播报方式），选中导出的音频文件，将此音频添加至右侧音频驱动界面。

图 6-5-18　使用音频驱动播报

图 6-5-19　添加驱动播报的音频文件

第四步:选择上传的视频素材,并将视频素材音量调为0,避免和数字人播报的音频重叠。在编辑过程中,数字人的边缘较为粗糙,白边明显,但导出视频后即会消失。最后,可按需个性化调整微视频的缩放、背景颜色、位置等,并在合成视频后,即可导出加有数字虚拟人的微视频。

图 6-5-20　视频的音量调为 0

拓展资源

· 欧志刚,刘玉屏,覃可,等.人工智能多模态教学资源的生成与评价:基于AIGC在国际中文教育的应用[J].现代教育技术,2024,34(9):37-47.

· 王龚,顾小清,胡碧皓.基于元宇宙和生成式人工智能的教师实训成效研究[J].开放教育研究,2024,30(3):74-86.

· 王建中,曾娜,郑旭东.理查德·梅耶多媒体学习的理论基础[J].现代远程教育研究,2013,(2):15-24.

· 王改花,傅钢善.知识类型、呈现方式与学习风格对大学生在线学习的影响:基于眼动的证据[J].现代教育技术,2021,31(9):45-54.

· 李青,刘勇.教育虚拟数字人标准体系设计及其路径规划[J].现代教育技术,2024,34(7):70-80.

· 奚骏,吴永和.教育数字人理论与实践探研[J].现代教育技术,2022,32(8):100-110.

· 毛伟,盛群力.梅耶多媒体教学设计10条原则:依托媒体技术实现意义学习[J].现代远程教育研究,2017,(1):26-35.

· 罗江华,岳彦龙.人工智能生成数字教育资源适应性评价指标体系构建[J].现代远距离教育,2024,(4):39-47.

· 胡小勇.设计好微课[M].北京:机械工业出版社,2017.

· 金建,王国杰.多媒体课件与微课制作[M].北京:人民邮电出版社,2022.

模块七

用好GAI，创新教学方式

> "教育的未来在于技术的融合，人工智能正是这一融合的先锋，它将引领我们走向更加个性化和高效的教学新时代。"
>
> ——Kimi人工智能助手

7-1

智驭"匠邦 AI"，轻松撰写教案

【场景描述】

教案的撰写是教师教学实践中的重要部分。教案不仅是教学目标、内容、方法及评价的全面规划，更是教师教学理念与创意的集中体现。技术引领教学创新，在探索开展翻转课堂、项目式学习等创新型教学模式时，教师撰写教案往往面临着更高的挑战。因此，学会与GAI人机协同撰写教案，是教师应对教学挑战、提高教学质量的重要方式。

【知识卡片】

（1）**翻转课堂**：是指知识传授通过信息技术的辅助在课前完成，知识内化则在课堂中经教师的帮助与同学的协助而完成的教学模式。在翻转课堂中，学生由原来知识学习的被动者变为知识学习的主动者，教师在课前主要负责备课，在课中主要帮助学生完成知识的内化。与传统课堂教学模式相比，翻转课堂教学模式具有以下鲜明特点：①颠覆了教学理念：翻转课堂强调以学生为中心，做到真正意义上的"因材施教"，强调学生个性化学习以及教师针对性的指导。②重构学习流程：对学生的学习过程进行了重构。"知识获取"是在课前进行的，"吸收内化"是在课堂上通过互动来完成的。③重塑了师生角色：学生是主动内化知识的自主学习者；教师是学生学习的指导者、资源的提供者、课堂活动的组织者，负责个性化指导和答疑解惑。

（2）**项目式教学**：是一种对主题和专题做深入研究的教与学的实践性模式，旨在把学习者融入有意义任务的过程中，让学习者积极探究与发现，以学生自主进行知识建构、获得新知识技能为主要目标。项目式教学模式具有以下基本特征：①有一个驱动或引发性的情境或者问题：情境或问题是用来激发和组织学习活动的，学习活动是整个项目学习的主体。②强调学生合作探究以产出作品：学生之间就作品制作进行交流和讨论，从而在交流和讨论中得出结论并发现新问题，最终形成一个或一系列作品。③学习过程关注多学科交叉知识：学生在学习过程中需要运用多种认知工具和信息资源。④学习具有一定的社会效益。在进行项目式教学设计时，一般依据以下实施步骤：

图 7-1-1　项目式教学的实施步骤

【工具材料】

教育专用型文本生成类工具、通用型文本生成类工具。

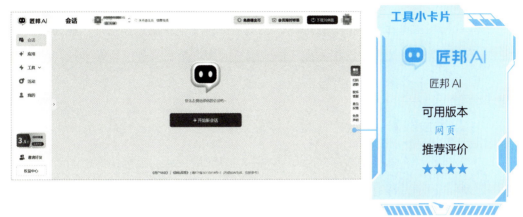

图 7-1-2　匠邦 AI 官网界面

匠邦AI是一款教育专用型文本生成类工具，是专为教育领域设计的人工智能助手，可以提供多种智能化服务来帮助教师提高工作效率和教学质量。匠邦AI具有教案设计、学历案撰写、单元作业设计、智能生成逐字稿等功能，能够极大地提高教师的工作效率。教师无需下载和安装，通过网页端即可直接登录使用。匠邦AI具有教学设计功能，能够根据教师所选择的教学基本信息和要求快速起草教案和设计课件，简化备课流程。

图 7-1-3　Kimi 官网界面

Kimi是一款通用型文本生成类工具，可辅助教师撰写和优化教学设计。教师无需下载和安装，可在网页端或手机小程序直接登录使用。Kimi具备超长文本处理能力，能够解析教师提供的文本输入、TXT、PDF、Word文档、PPT幻灯片和Excel电子表格等文件内容，自动生成教学设计要点；同时，还具备智能撰写和优化功能，能够根据提示语或解析的内容撰写并优化教案设计，帮助教师高效完成教学设计的撰写。

【应用案例】

某小学五年级的数学老师参加完一场教师培训后，对翻转课堂的教学模式很感兴趣，并打算将其应用于自己的课堂教学中，但却不知从何下手。他决定借助GAI撰写教案，并尝试了两种方法，以期得到一份较为优质的教案。

方法一：智用匠邦 AI 撰写教案

第一步： 打开匠邦AI官网（https://ai.jbangai.com/app），注册账号。可以通过微信扫码或者手机号注册登录。登录成功后，职业岗位选择【中小学老师】（本书以此为例），并确认，随后点击【开始新会话】按钮。

图 7-1-4　选择职业岗位后开始新会话

第二步： 功能选择。在打开的功能页面中选择【中小学】，点击下方子功能中的【教案设计】按钮，即可打开内容创作界面。

图 7-1-5 功能界面

第三步：一键生成教案。在左侧【开始创作】一栏，选择对应的【学科】【阶段】【教材】【册别】【课题】【总课时】【教学过程】等相关内容。根据上述案例要求，在【学科】处填写"数学"、【阶段】处选择"小学"、【教材】处选择"人教版"、【册别】处选择"五年级上册"、【课题】处输入"数对"、【总课时】处输入"1课时"。根据翻转课堂的教学过程特征，在【教学过程】处输入"课前微课自学，课中协作深化，课后巩固拓展"。

当然，为让匠邦AI生成的内容更加符合预期设想，教师还可上传已有的教材、逐字稿、课件、作业等材料。点击【点击或拖拽文件上传】按钮上传Word、PPT、Excel、PDF等不同格式的文档或图片，最后点击【智能创作文案】按钮，即可生成教案。

图 7-1-6 教案内容创作

"数对"第1课时教案

学科	小学数学	年级册别	五年级上册	共1课时
教材	人教版	授课类型	新授课	第1课时

教材分析

教材分析	本节课《数对》是人教版小学数学五年级上册的内容，属于"图形与几何"领域。教材通过具体的情境和活动，帮助学生理解并掌握数对的概念及其在平面上的应用，进一步发展学生的空间观念。教材内容包括：1.认识数对，理解数对的含义和表示方法；2.通过实际操作和游戏活动，让学生体验并描述物体的位置关系；3.初步学习用数对表示物体的位置。教材的作用在于为学生后续学习更复杂的图形与几何知识打下基础，培养学生的空间想象能力和逻辑思维能力。
学情分析	五年级学生已经具备了一定的观察能力和语言表达能力，能够初步描述物体的相对位置。他们喜欢通过游戏和实际操作来学习新知识，对新鲜事物充满好奇心。然而，学生的空间观念尚不成熟，对于抽象的位置关系理解较为困难。因此，教学中应注重直观性和趣味性，通过多种感官参与活动，帮助学生逐步建立空间观念。针对学生学习中遇到的困难，可以通过反复练习和实际操作来强化理解，同时教师应及时给予指导和反馈。

图 7-1-7　生成结果

第四步：教案处理。可以通过两种方式将生成的内容提取到自己的文档中。

第一种，点击【下载word文档】按钮，选中需要下载的教案内容（此方式需要消耗金币，有次数限制）。

图 7-1-8　下载教案内容

第二种，点击【复制】按钮，将所复制的内容粘贴到空白Word文档中即可（此方式为免费方式，不限次数）。如果教师对生成的内容不满意，也可点击【再试一次】按钮重新生成内容。

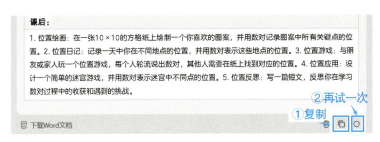

课后：

1. 位置绘画：在一张10×10的方格纸上绘制一个你喜欢的图案，并用数对记录图案中所有关键点的位置。2. 位置日记：记录一天中你在不同地点的位置，并用数对表示这些地点的位置。3. 位置游戏：与朋友或家人玩一个位置游戏，每个人轮流说出数对，其他人需要在纸上找到对应的位置。4. 位置应用：设计一个简单的迷宫游戏，并用数对表示迷宫中不同点的位置。5. 位置反思：写一篇短文，反思你在学习数对过程中的收获和遇到的挑战。

②再试一次
①复制

□ 下载Word文档

图 7-1-9　复制教案内容

由上可知，匠邦AI提供的教学设计支架，显著优化了教师的使用流程。教师仅需按照提示填写相关信息，便能轻松"无痛"地生成一份教案。然而，其局限性在于对生成内容的优化能力相对有限，且对话次数设有上限。相比之下，Kimi则展现出更强的灵活性与优化潜力。教师可通过使用提示语与Kimi进行不限次数的对话，引导其不断迭代和完善教案。但这一优势的实现对教师的提示语设计能力也有更高的要求。

方法二：妙用 Kimi 生成教案

第一步：在浏览器中输入网址进入Kimi官网（https://kimi.moonshot.cn），选择微信扫码或手机号登录。

第二步：输入提示语。在输入框内输入提示语，注意明确角色定位、背景说明、期待目标、任务限制等内容。根据上述案例，可参考以下表述。

你是一名资深的小学数学老师，准备写一份教学设计为小学五年级的学生讲授人教版数学中"数对"这个知识点，计划使用翻转课堂形式授课，通过贴近学生生活实际的例子帮助学生掌握和应用"数对"知识，课时为40分钟，教学设计内容以表格形式呈现，且要包含完整教学目标、教学重难点等教学设计相关要素。

输入"/"使用 Kimi 探索版，解决复杂的搜索问题

● 联网搜索

图 7-1-10　输入提示语

第三步：生成内容。完成上述操作后，点击图7-1-10中的【 ▷ 】按钮或者使用回车键，即可一键生成教案设计。Kimi生成的回答如下。

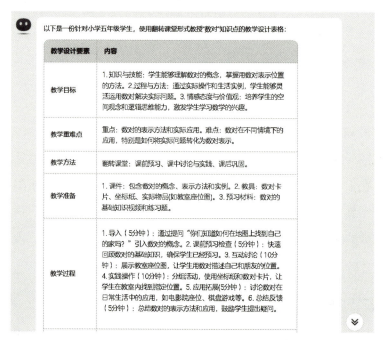

图 7-1-11　Kimi 生成的部分回答

第四步：处理生成内容。点击左下方的【复制】按钮，即可将内容复制到空白文档中；如果对内容不满意，可以点击【再试一次】按钮生成新内容。

作业布置	1.完成课后练习题，巩固数对的表示和应用。2.制作一个数对游戏，如数对版的"藏宝游戏"，下节课分享。
教学评价	1.通过课堂参与度和讨论情况评价学生的理解程度。2.通过实践操作和作业完成情况评价学生的应用能力。
教学反思	1.反思学生对数对概念的掌握情况。2.反思翻转课堂模式在本节课的效果。3.思考如何改进教学方法，使之更贴近学生的实际生活。

请注意，这个教学设计是一个基本框架，具体的教学内容和活动可以根据学生的实际情况和教学资源进行调整。教学过程中，教师应灵活应对学生的反应和问题，适时调整教学策略。

🗋 复制　🗘 再试一次　🗗 分享　　　　　　👍 👎

图 7-1-12　内容处理

【技巧提示】

（1）**结合匠邦AI和Kimi的优势，优化教案设计。**首先，发挥匠邦AI"无痛"式生成优势，在匠邦AI中生成教案并下载；其次，发挥Kimi的无限次优化优势，点击上传文件【📎】按钮，上传下载的教案，见图7-1-13；接着，在输入框输入提示语让Kimi帮忙优化教案，如：你是一个资深的小学数学老师，你已经写了一份教学设计为小学五年级的学生讲授人教版数学"数对"这个知识点，但你发现这个教学设计还存在一些不足，请你对文档中的教学设计进行修改，并且说明你修改过的地方和修改的理由。最后，批判性采纳Kimi给出的建议，优化教学设计。

图 7-1-13　文档上传

（2）**升级教案，设计以学生为本的学历案。**教案侧重于展示教师的教学设计和组织，即关注教师如何有效地传授知识和技能。学历案则侧重于展示学生"如何学会"的过程，是教师为指导学生有效学习而设计的一种教学方案。学历案基于学生立场，旨在促使学生更加有效"学习"与"学会"。在匠邦AI中就有此学历案设计功能：首先，打开匠邦AI，在【中小学】栏目下选择【学历案】；其次，根据提示在左侧输入【学科】【阶段】等信息（具体内容同前文）；接着，可上传教学设计方案或课文图片作为参考资料；最后，点击【智能创作文案】按钮，即可得到学历案。

图 7-1-14　生成学历案的功能操作

图 7-1-15　学历案内容创作

7-2

巧借"快出题"，生成测试题

【场景描述】

每逢开学、月底、期中和期末，教师总忙碌于编制测试题，以了解学生对所学知识的掌握情况。然而，教师常面临"题海寻珍"的困境，在浩瀚的题库中寻觅能够精准覆盖知识重难点的试题。这一过程不仅耗时费力，还往往伴随着命题"撞车"、组卷效率低下与质量不高等难题，实为教师工作中的一大挑战。"工欲善其事，必先利其器。"因此，掌握并熟练运用智能组卷工具以实现高效出题，已成为新时代教师不可或缺的专业技能。

【知识卡片】

（1）制订测试题的一般步骤。①确定考试目的：明确考试的目的是为了评估学生的阶段性学习成效还是总体性学习成效。②分析考试大纲或课程标准：研究相关的课程标准、教学大纲或考试大纲，确保测试题内容与之相符。③设计测试题类型与结构：根据考试目的，选择合适的测试题类型、测试题数量、题目分值、答题时间分配等。④编写测试题：测试题应具有适当的难度和区分度。⑤修订测试题并制订评分标准：审查测试题的内容准确性、语言表达、逻辑连贯性；为非选择题（如简答题、论述题等）制订详细的评分标准。

（2）制订测试题遵循的原则。一份测试题的制订是一个复杂而严谨的过程，为确保其科学性、公平性和有效性，需要遵循系列原则。

表 7-2-1　制订测试题的原则

原则	说明
导向性原则	能够准确评价学生的学习情况，为教师提供有效的反馈信息。 能够引导学生对自己的学习进行反思，发现不足并寻求改进。
创新性原则	试题应具有多样性和创新性，避免陈题旧题。 命题者需要不断探索新的试题类型和命题方式，以丰富试题库。
公平性原则	充分考虑不同学生的实际情况，避免出现偏题、怪题。 确保试题的难易程度、题型分布、分数比例等对所有考生都是公平的。

【工具材料】

智能组卷型文本生成类工具。

图 7-2-1　快出题官网界面

快出题是一款智能组卷型文本生成类工具，是一款由AI驱动的在线考试软件，可辅助教师快速出题组卷。教师无需下载和安装，可在电脑网页端和手机小程序端直接登录使用。快出题具备智能创建试题功能，能够根据输入的提示语生成问题和答案，或根据上传的文档智能解析内容并生成题库。快出题还具备智能评分功能，能够对客观题进行即时自动评分，答题者交卷后能即时查看错题与解析。此外，快出题还能实现多终端登录、实时出分、限时答题、限填规则、防作弊、团队协作等功能。

【应用案例】

无论是学校还是其他教育机构，教师常需针对特定年级、学科、教学内容等进行制卷出题。本节选取高一化学中"有机化合物"这一章节内容，利用快出题生成一套化学试卷。教师在快出题的官网（https://kuaichuti.net）登录后，输入出题需求或导入试题相关文档，即可轻松创建所需试卷，具体步骤如下。

第一步：登录网址，点击右上角【立即使用】按钮。如果之前未使用过该工具，需要微信扫码进行注册登录。

图 7-2-2　微信扫码登录 / 注册

第二步：登录完成后，点击【AI智能创建】按钮，使用智能创建功能，输入出题要求进行试题创建，如：**请帮我生成一套适用于高一年级，包含"有机化合物"这一章节知识点的化学学科试卷**。接着，点击【生成】按钮，快出题就会智能解析文字要求，快速出题。

图 7-2-3　AI 智能创建功能

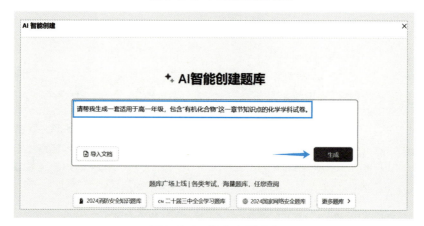

图 7-2-4　输入出题要求

第三步：设置出题规则。在【题型】一栏，下拉按需选择单选、多选、判断、填空、简答等类型（免费版每次最多生成10题），在【数量】一栏输入所需题目数量，最后点击【下一步】按钮即可完成操作。

图 7-2-5　设置出题规则

快出题生成的试题如下。

图 7-2-6　快出题生成的试题

第四步：完成出题后，教师可查看题目并进行编辑，包括修改类型、标题描述、选项、答案、解析。点击题目右上角的【编辑】按钮，对题目进行修改，完成修改后，点击右下角的【确定】按钮。

图 7-2-7　修改试题

第五步：试题编辑完成后，若需继续修改题目，可在界面左侧的【属性】一列再次进行编辑。点击【样式】按钮，对试卷字段布局、字段样式、试卷背景等进行个性化设置。点击界面右侧的【更多】按钮，可设置考试时长、防作弊、限填规则、限时答题、导出试卷等属性。

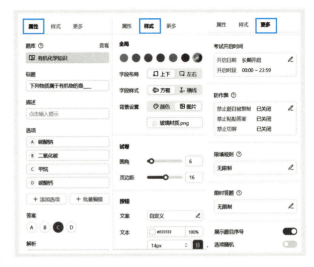

图 7-2-8　编辑试卷属性、样式，设置考试规则

第六步：完成编辑后，点击【发起考试】按钮。接着，设置出题规则，包括题目的数量、每道题目的分数，最后点击【生成考试】按钮。

图 7-2-9　发起考试

图 7-2-10　设置出题规则

第七步：生成考试界面后，可在页面左侧查看试卷的题目，可选择【添加题目】；同时，点击【考试封面】【答题试卷】【成绩单】按钮，即可查看对应内容，并可根据实际情况进行修改。

图 7-2-11　试卷编辑界面

第八步：保存并发布试题。先点击【保存】按钮保存试卷，然后点击【发布】按钮，即可生成试卷的二维码和网址。教师可以通过【复制链接】或【新窗口打开】，进入试卷页面查看。同样地，学生通过扫描二维码或复制网址，即可进入考试界面。

图 7-2-12　保存并发布试题

图 7-2-13　学生的考试界面（网页端）

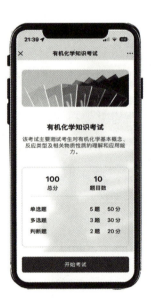

图 7-2-14　学生的考试界面（移动端）

第九步：学生答题完成后，快出题可实现智能阅卷评分。教师点击页面上方的【数据】按钮，即可查看所有学生的答题数据。单击学生信息行，教师还能查看学生答题卡及错题信息。

图 7-2-15　查看学生答题数据

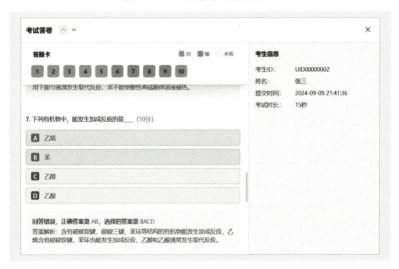

图 7-2-16　查看个别学生答题卡与错题信息

【技巧提示】

（1）**人机协同，确保试题准确性。**快出题生成试题的答案并非一定正确，其受算法模型、数据质量和来源等多种因素影响。因此，教师在使用时需保持审慎的态度，仔细复核AI生成的答案，在发现答案不准确或存在问题时，应及时进行调整和优化，以确保试题的质量和考试效果。

（2）**打开防作弊功能，保障在线考试公平公正。**教师可以在考试中提前设置考试规则，如"禁止考生答题期间切幕搜题""禁止复制题目搜索答案并粘贴上传""每名考生限填1次"等，防止学生利用外部资源进行搜题作弊，

235

降低考试答题时作弊的概率。教师可以点击快出题界面右侧的【更多】按钮，对考试规则进行设置。

图 7-2-17　设置考试规则

（3）**支持多格式文档导入，快速提取考试资料关键点。**快出题支持Word、Excel、PDF、PPT等多种格式的文档导入，能快速解析文档内容，识别出其中的知识点和考点，创建单选、多选、判断、简答等题型，还能自动提取答案解析，一键转化成在线考试，既减轻了教师的出题压力，又使考试题目贴合了教学内容。

图 7-2-18　导入文档创建试题

7-3

善用"Kimi"，智能设计评价量规

【场景描述】

在教育实践中，评价量规作为评估学生学习效果的核心工具，在教学评价中发挥着重要作用。然而，设计评价量规并非易事，需确定评价维度、评价标准、权重分配等。随着教学内容的日益复杂化和学生个体的多样化，设计量规的难度进一步增加。GAI则对此提供了一种全新的解决方案，教师可以更高效地设计评价量规，以降低人为偏差，并确保评价维度的科学性与全面性。

【知识卡片】

（1）**评价量规设计的一般性步骤。**评价量规是一种结构化、量化的评价手段，是一种等级标准，可用来确定和区分学生的表现状况，具有操作性好、准确度高的特点。评价量规设计的一般性步骤通常包括以下三个关键环节：①选择评价维度：确定评价量规的使用场景和目标，确定评价量规涵盖的内容领域，识别和定义需要评价的关键知识和技能点。②设定评价等级与评分：根据评价维度，设计具体的评估指标，并为每个指标设定不同的评价等级，如优秀、良好、合格、待改进等。③设计评价等级描述：对每个等级的具体表现进行详细描述，并将评价指标和等级整合成一个量表，形成完整的评价工具。

（2）**智能设计评价量规的四大环节。**①智能确定评价维度：首先，依据评价对象与评价总体目标，设计提示语让GAI生成评价维度库。其次，评价者根据自身对目标评价对象的理解，进一步筛选适用于构建评价量规的评价维度。一般情况下，GAI提供的前几个答案往往能较好地契合所提要求。②智能生成维度描述：设计提示语框架引导GAI使用通俗易懂的语言对每个维度进行描述，并进一步对每个维度进行等级划分，然后针对不同等级给出具体的表现细节。在此基础上，还可以让GAI为每个维度生成相应的权重。权重的设定可反映各个维度在整体评价中的相对重要性，确保评价标准的客观性和合理性。③智能修订与应用：关注每个维度的描述是否符合实际需求，确保评价等级和权重分配的合理性和公正性。如果某些维度的表达过于宽泛或具体应用时难以操作，或某些维度之间存在重叠或冲突，可进一步借助GAI优化和细化。④智能可视化制作：借助问卷星等在线问卷制作类工具，将复杂的评价维度、等级描述、权重等信息以直观、易于理解的形式呈现。在线问卷的结果可以自动整理和分析，形成便于分析的可视化报告。此过程不仅提高了信息的可读性，还帮助评价者、管理者和其他相关人员快速做出基于数据的决策。

【工具材料】

通用型文本生成类工具、问卷制作类工具。

【应用案例】

假设你需要评价在翻转课堂中学生小组合作学习方面的行为和能力，如何应用GAI帮助形成相应的评价量规呢？下面以Kimi、问卷星工具为例，讲解实现步骤。Kimi工具的介绍及基本操作详见7-1节。

环节一：智能确定评价维度

打开Kimi官网（https://kimi.moonshot.cn），输入提示语：作为一位教育评价专家，你懂得如何评价"翻转课堂中学生的行为和能力"。请你帮我设计评价学生在翻转课堂教学过程中小组合作学习评价体系，应该从哪些维度来评价，以及为什么要从这些维度来评价。

Kimi回答如图7-3-1所示。根据Kimi提供的评价维度，对其进行二次论证、筛选，确定最终的评价维度。

提示语：作为一位教育评价专家，你懂得如何评价"翻转课堂中学生的行为和能力"。请你帮我设计评价学生在翻转课堂教学过程中小组合作学习的评价体系，应该从哪些维度来评价，以及为什么要从这些维度来评价。

作为一位教育评价专家，设计评价翻转课堂中小组合作学习的评价体系时，可以从以下几个维度来进行：

1. **团队沟通能力**：评价学生在小组讨论中的沟通技巧，包括清晰表达自己的观点、倾听他人意见、使用适当的语言和非语言交流方式。
2. **分工与协作**：观察学生在小组中的分工是否明确，每个成员是否承担相应的责任，以及他们如何协作完成任务。
3. **问题解决能力**：评估学生在面对问题时的解决策略，包括分析问题、提出解决方案、实施解决方案的过程。
4. **批判性思维**：评价学生在小组讨论中展现的批判性思维能力，是否能够提出有深度的问题，对信息进行合理质疑。
5. **创新与创造力**：观察学生是否能够提出新颖的观点或解决方案，以及他们如何将这些创新应用到学习中。
6. **领导能力**：评价学生在小组中的领导表现，包括引导讨论、协调团队成员、激励团队等。
7. **适应性与灵活性**：观察学生在小组合作中对变化的适应能力以及在面对不同意见时的灵活性。
8. **自我与同伴评估**：鼓励学生进行自我反思和同伴互评，以提高自我认知和对团队贡献的理解。
9. **技术应用能力**：如果小组合作涉及到使用特定的技术或软件，评价学生对这些工具的掌握和应用能力。
10. **成果展示**：评价小组最终的成果展示，包括内容的深度、创新性、呈现方式等。

图 7-3-1　生成的评价维度

环节二：智能生成维度描述

确定翻转课堂小组合作学习的评价维度为"团队沟通能力""团队协作能力""问题解决能力""适应性与灵活性"，让Kimi生成各个维度的具体描述，继续在对话框中输入提示语：作为一位教育评价专家，请你帮我依照"团队沟通能力""团队协作能力""问题解决能力""适应性与灵活性"这四个维度，设计一个评价翻转课堂教学过程中小组合作学习的量规，将量规格式化为图表并包含4分制，从左到右共4列，分别是优秀、良好、合格、有待提高等级，分数分别是4、3、2、1。请使用通俗易懂的语言，描述这四个等级在每个维度上的具体表现，并给出权重。

针对Kimi给出的具体表现描述进行优化，直至初步形成完整的评价量规。

当然可以！以下是一个详细的评价翻转课堂教学过程中小组合作学习的量规，依照"团队沟通能力""团队协作能力""问题解决能力"和"适应性与灵活性"这四个维度，使用4分制进行评价，并包含每个一级和二级维度的权重。

小组合作学习评价量规

维度	权重	优秀 (4分)	良好 (3分)	合格 (2分)	有待提高 (1分)
团队沟通能力	25%	始终清晰、有效地表达自己的观点，积极倾听他人，能很好地回应他人的意见。	通常能清晰表达自己的观点，倾听他人，有时需要引导才能回应他人的意见。	能够表达自己的观点，但有时不够清晰，偶尔倾听他人，回应他人的意见较少。	很少表达自己的观点，倾听他人时常分心，几乎不回应他人的意见。
团队协作能力	25%	积极主动参与小组任务，能很好地协调和分配任务，与组员合作无间。	通常参与小组任务，能较好地协调和分配任务，与组员合作较好。	有时参与小组任务，协调和分配任务时有困难，与组员合作一般。	很少参与小组任务，几乎不协调和分配任务，与组员合作有明显问题。
问题解决能力	25%	能迅速识别问题，提出创新且有效的解决方案，并能带领小组实施解决方案。	通常能识别问题，提出有效的解决方案，并能协助小组实施解决方案。	能识别一些问题，提出的解决方案较为普通，实施时需要他人帮助。	很难识别问题，提出的解决方案不够有效，实施时依赖他人。
适应性与灵活性	25%	能迅速适应变化，灵活调整自己的策略和方法，积极应对各种挑战。	通常能适应变化，调整自己的策略和方法，应对大部分挑战。	有时能适应变化，但调整策略和方法较慢，应对挑战时有困难。	很难适应变化，几乎不调整策略和方法，应对挑战时表现不佳。

图 7-3-2　初步生成的评价量规及描述

环节三：智能修订与应用

将初步生成的评价量规复制至文档进行人工调整，调整后可将文档上传至Kimi，让Kimi帮忙进一步优化。如，可在文本框中输入提示语：作为一位教育评价专家，请你帮我优化翻转课堂教学过程中小组合作学习的评价量规。我希望重点评价"问题解决能力"这个维度，请你在文档的基础上进行优化并给出优化的对比项与优化原因。

图 7-3-3　智能修订与应用

环节四：智能可视化制作

登录问卷星官网（https://www.wjx.cn），点击【创建问卷】按钮，选择【调查】应用场景，输入调查标题，点击【创建调查】按钮。

图 7-3-4　问卷创建

在页面左侧找到【评分题】的类别，选择【评分单选】类型。点击【选项】按钮，修改选项名称，并为每个选项设置得分。还可点击【⊕】按钮，新增选项。

图 7-3-5　问卷题目创建

将每道题作为一个评价维度的填写选项，进行权重与等级描述的设置，完整填写量规，将评价量规以问卷题目的形式呈现。

图 7-3-6　评价量规填写

【技巧提示】

（1）**查找并参考已有的评价量规。**GAI可以帮助教师快速找到相关领域的评价量规，并从中提取核心元素，结合自己的教学需求和评价目标进行优化设计。提示语可以设定如下：**请为我查找一些常见的数学、科学、语文等学科的评价量规模板，适用于中小学学生的表现评估，并包含多个维度和评分标准。**GAI将返回相应的与学科相关的量规示例，教师可以根据具体需求从中挑选适用的维度、描述和评分标准。

（2）**实现基于学生数据的量规优化。**教师可以根据学生的实际表现数据，利用GAI对评价量规进行动态调整。例如，在某个学期结束后，教师可以将班级的整体表现反馈给GAI，要求其调整评价维度的权重或修改某些评价等级的标准，使量规更加符合学生的实际学习情况和学习需求。提示语可以设定如下：**请根据以下数据调整评价量规：班级学生在几何概念使用方面普遍得分较低，而解题步骤逻辑性得分较高。请调整评价量规"几何概念的准确使用"维度的描述，并为学生在此维度的表现提供更多改进建议。**

（3）**实时调整并个性化提示语。**在生成维度描述和评分标准时，教师可以进一步个性化提示语，要求GAI根据不同年级或学科特点进行差异化设计。例如，可以提示GAI针对低年级学生提供更为简单直接的评价维度，而对于高年级或成人学习者，则可以生成更复杂的维度描述和评价细则。且在设计评价量规的过程中，可以不断更新和优化给GAI的提示语，以提升其生成内容的准确度与相关性。在实践中，教师可以有意识地保存和记录效果最好的提示语，用于今后不同场景的评价量规设计。

7-4

妙用"天工 AI"，智能观课与评课

【场景描述】

观课评课作为提高教学质量的重要手段，其核心价值在于通过系统化的观察和评价，对教学过程进行全面的审视和反馈。随着教学形式的多样化和教学目标的复杂化，依靠传统手段对课堂进行科学、精准的评估变得愈加困难。利用智能技术进行智能化观课评课成为每个教师在智能时代背景下亟须掌握的一项技能。

【知识卡片】

（1）LICC观课评课范式。LICC范式通过对课堂的解构，倡导教师组建不同的合作体，采用类似科学观察的方法，研究课堂教学的有效性问题。LICC范式包括四个要素（表7-4-1）：学生学习（Learning）、教师教学（Instruction）、课程性质（Curriculum）、课堂文化（Culture）。

表 7-4-1 LICC 要素

要素	视角	课堂观察点举例
学生学习	学前准备、倾听、互动、自主性、达成度。	·学生清楚这节课的学习目标吗？ ·预设的目标达成度如何？效果如何？
教师教学	教学环节、对话、指导。	·由哪些教学环节构成？ ·不同环节的时间是如何分配的？

（续表）

要素	视角	课堂观察点举例
课程性质	目标、内容、实施、评价、资源。	·课堂中生成了哪些内容？怎样处理？ ·是否凸显了本学科的特点、思想、核心技能？
课堂文化	思考、民主、创新、关爱、特质。	·课堂话语是怎样的？ ·课堂气氛如何？

（2）观课评课的反馈类型。在观课评课的反馈过程中，反馈文本的类型可分为指导型和促进型，每种反馈又可分为三个维度，如表7-4-2所示。

表7-4-2　观课评课反馈分析维度

类型	维度	说明
指导型	处方类	提供具体改进建议和可操作的教学策略，明确下一步行动。
	情报类	分享相关的知识、信息和资源，拓展教师的认知视野。
	质询类	通过质疑教学行为或理念，推动教师深度思考现有实践。
促进型	阐释类	聚焦于对课堂行为的客观描述和解读。
	启示类	通过引导性问题和反思提示，激发教师的创新思维。
	支持类	以积极的评价增强教师的信心。

（3）观课评课的反馈文本特征。高质量的观课评课反馈应具备四个关键特征：①清晰性：反馈表述具体明确，避免歧义。②精准性：反馈聚焦具体的事件或教学目标。③解析性：反馈深入分析课堂表现与预期目标的差距。④可操作性，提供实用的、具体的改进建议。

【工具材料】

音视频分析型文本生成类工具。

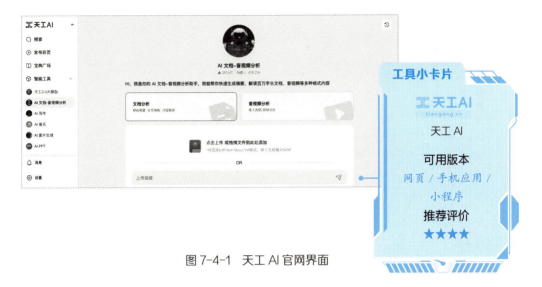

图 7-4-1　天工 AI 官网界面

天工AI是一款集AI对话、AI文档–音视频分析、AI写作、AI图片生成、AI音乐、AI PPT等功能于一体的生成式人工智能工具。教师无需下载和安装，打开网址即可在电脑端或移动端上使用。天工AI的"AI文档–音视频分析"功能可对上传的音视频进行快速解析，提取关键信息。其解析结果包括简介、脑图、重点和字幕等。此外，天工AI还能够识别音视频中的语音内容，将其转换为文本形式，方便教师进一步编辑和利用。

【应用案例】

以"我会缝纽扣"基础教育精品课视频为示范，演示如何利用天工AI的"AI文档–音视频分析"功能开展智能观课评课，具体步骤如下。

第一步：输入天工AI官网（https://www.tiangong.cn），登录后使用，点击左侧【智能工具】中的【AI文档–音视频分析】按钮。

图 7-4-2　打开【AI 文档 - 音视频分析】

第二步：选择【音视频分析】，该功能支持本地音视频、哔哩哔哩网站视频链接上传。①可点击上传或拖拽添加本地音视频文件，支持mp3/m4a/wav/flac/mp4/mov/mk格式文件，音频最大50 M，视频最大500 M。②也可输入哔哩哔哩网站的视频链接。

图 7-4-3　添加视频

第三步：等待视频解析，上传成功后点击【确定】按钮。解析时间与视频时长有关，如视频时长较长，所需的解析时间会相应增加，使用时需耐心等待。

图 7-4-4　上传视频

第四步：等待系统自动生成转录后的视频文本内容，并出现评价反馈对话窗口。在完成视频文件的上传后，天工 AI 会自动对视频进行分析，生成详细的分析结果。在反馈界面左侧部分展示了视频的文字版原文，方便教师查看、复制或下载文字内容，用于教学反思或资料保存。在反馈界面右侧部分，天工 AI 提供了对视频内容的总结与提炼，能够帮助教师快速掌握课堂核心要点。此外，天工 AI 还支持在下方的输入框中输入问题，针对视频内容做进一步的智能提问与解答。

图 7-4-5　呈现转录与反馈内容

第五步：参考观课评课范式，与天工AI展开对话。基于LICC范式可展开以下对话：

①学生学习方面的提示语示例：请分析这段教学视频中学生的学习状态。聚焦他们的课堂参与度、互动情况和完成任务的表现。总结学生的学习情况，并结合科学的教育规律，提出改善学习效果的建议。

②教师教学方面的提示语示例：请依据教师的教学方法，分析教学过程中教师的讲授方式和课堂管理策略。总结教师的教学行为，并提供科学性依据，建议如何优化教学方法来促进学生的参与和理解。

③课程性质方面的提示语示例：请根据本课的教学目标和课程标准，评估课程内容的安排，分析其合理性，并探讨课程内容是否明确体现了学科的特色、思想、核心技能及其逻辑联系，是否符合学生特征，同时提出改进建议。

④课堂文化方面的提示语示例：请描述本课课堂话语的具体情况，包括话语的数量、时间分布、交流对象、措辞选择以及插话情况，并评估课堂气氛的整体状况，同时阐述师生之间的行为互动，包括情境设置的效果、叫答机会的分配情况，分析学生间的关系和互动模式，最后提出优化建议。

天工AI对学生学习方面的提示语给出的回答部分如图7-4-6所示。

图 7-4-6　依照观课评课范式对话

第六步：为确保天工AI生成的评课反馈文本符合规范化要求，教师可以通过进一步的对话，让AI按照指导型和促进型反馈的框架进行文本优化，并涵盖相应的维度和关键特征。以下是具体的提示语示例。

①生成指导型的评课反馈：请将现有的评课反馈文本按照指导型反馈进行规范化。确保反馈内容聚焦于提供具体的改进建议，帮助教师明确下一步行动（处方类）。同时，内容涵盖相关的知识、信息和资源（情报类）。最后，能指出课堂出现的问题，并对教学行为或理念展开深入反思（质询类）。

图 7-4-7 规范化评课反馈文本

②生成促进型的评课反馈：请对评课反馈文本进行促进型规范化，确保反馈内容不仅包括对课堂行为的客观描述和深入解读（阐释类），而且要通过提出引导性问题和反思提示来激发教师的创新思维（启示类），以及通过积极的评价来增强教师的信心和动力（支持类）。

通过这些提示语，天工AI可以将原始反馈文本优化为更加系统化的评课反馈，确保教师能够从中获得有针对性且符合实际需求的改进建议。

第七步：点击【脑图】按钮，查看并下载这堂课的教学思维导图，方便教师在课后深入分析课程结构、教学逻辑和知识点分布。通过思维导图，教师可以更直观地把握课程内容的层次关系，并在后续的教学反思与改进中精准定位需要优化的环节，大大提高教学设计的科学性和有效性。

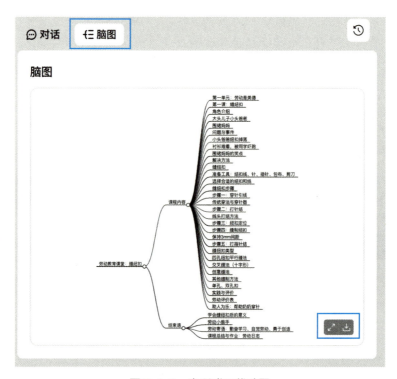

图 7-4-8　查看或下载脑图

【技巧提示】

（1）形成观课评课反馈文本时不宜过度依赖GAI。经验丰富的教育者在评课时，能够基于长期的教学经验和对学科的深刻理解，做出灵活、敏锐的判断，而GAI工具通常基于算法分析课堂表现，无法充分捕捉课堂中的情境和细微变化。评课反馈应当将GAI生成的文本与人类的专业判断相结合，只有通过结合教育经验，才能够提供更具深度的反馈。避免使用千篇一律的反馈语言，针对课堂实际情况进行个性化分析，并确保反馈中有具体的改进建议。

（2）借助文档分析功能，分析教案或网页长文本。天工AI的AI文档-音视频功能中，除可进行音视频分析外，还可借助"文档分析"功能分析长文档内容。只要上传本地教学设计方案文件或优秀教学设计方案网页链接，天工AI就会进行总结并形成脑图。教师与其进行对话，可令其生成评课反馈文本。此外，点击【AI文档-音视频分析】界面中右上角的按钮，即可查看以往分析的记录。

图 7-4-9　文档分析及查看历史记录功能

7-5

打造"智能体"，创建专属教学助手

【场景描述】

教师如何快速且准确地为不同学习基础、兴趣和能力的学生定制合适的学习资源？如何设计有趣的教学活动吸引积极性不高的学生的注意力？这都是教师教学面临的难题。智能体的出现可以有效解决这一困境。通过创建专属智能体，教师只需输入需求，智能体就能够迅速根据教师的教学风格和课程要求，分析并生成个性化的学习活动、习题资源等，是帮助教师实现个性化教学的得力助手。

【工具材料】

通用型文本生成类工具。

【知识卡片】

（1）**智能体的概念**。智能体（AI Agent）指可感知环境并反作用于环境，以实现其自身目标的自适应系统。它具备自主性、交互性、反应性和适应性等基本特征，能够在复杂多变的环境中独立完成任务。可以将智能体想象成环境中的数字人，它不是仅仅停留在聊天对话的层面，更能接入外部工具帮教师直接完成某些事项。例如，文心一言能教你如何回复邮件，而智能体则可以直接帮你回复邮件。

（2）**智能体的四个设计模式。**斯坦福大学吴恩达教授总结和介绍了四种较为常见的智能体设计模式，主要是通过设计智能体的行为和工作流程，使其能够更加智能、高效地完成各种任务。四个设计模式分别是反思（Reflection）、工具使用（Tool Use）、规划（Planning）和多智能体协作（Multi-agent Collaboration）。其中，反思模式被视为一种快速且高效的设计模式，已展现出显著成果。

①反思：设计智能体审视和修正自己生成的输出。示例：假设一个智能体被用于自动批改学生的作文。在初次批改时，它可能给出了一些不太准确的评分和反馈。但是，通过反思模式，智能体可以分析自己的批改结果，并与教师的标准答案进行对比，从而发现自己的错误并进行修正。在后续的批改中，智能体就能够更加准确地给出评分和反馈了。

②工具使用：设计智能体调用外部工具来执行特定任务。示例：假设一个智能体被用于辅助教师进行课堂教学。在授课过程中，智能体可以调用在线教育资源库中的相关视频或图片来辅助教学，使学生更加直观地理解知识点。此外，智能体还可以调用在线测验系统来对学生进行实时测试，以检验学生的学习效果。

③规划：设计智能体分解复杂任务并按计划执行。示例：假设一个智能体被用于帮助教师制订教学计划。它可以根据学生的学习进度和成绩以及教师的教学目标，自动规划出一个详细的教学计划。这个计划可以包括每个阶段的教学内容、教学方法、教学时间等。在执行计划的过程中，智能体还可以根据实际情况进行调整和优化，以确保教学计划的顺利实施。

④多智能体协作：设计多个智能体扮演不同角色或负责不同子任务以合作完成任务。示例：假设一个学校需要组织一场线上家长会。为了确保会议的顺利进行，可以部署多个智能体来分别负责不同的任务。例如，一个智能体负责会议签到和统计参会人数，另一个智能体负责会议主持和发言顺序管理，还有一个智能体负责会议记录和后续反馈收集等。这些智能体之间可以通过通信和协作机制来共享信息、协调行动，从而共同保障线上家长会的顺利进行。

【应用案例】

教师是否还在为设计有趣的教学活动而烦恼？是否不知道使用何种教学策略来提高学生的学习效率？本节将以创建"信息科技课程助教"智能体为例，借助GAI配置智能体的作用、特点、技能、对话等功能，生成专属教师的个性化助教。下面以从智谱清言中创建智能体为例（工具的基本操作详见4-3节），具体步骤如下。

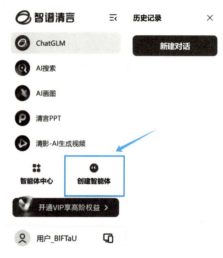

第一步：创建智能体。点击左侧导航栏的【创建智能体】按钮，进入创建界面，弹窗提示【AI自动生成配置】，只需用一句话描述需求即可创建智能体。

第二步：配置智能体。在弹出的提示框中描述想创建的智能体，输入完成后，点击【生成配置】按钮即可。

图 7-5-1　创建智能体

图 7-5-2　AI自动生成配置智能体

根据智能体的四种设计模式，可设计创建不同的"信息科技课程助教"智能体。

①设计反思模式的智能体：作为信息科技课程助教，可以解答学生在代码

编写过程中的难题，编写特定功能的代码，同时对生成的代码初始方案进行自我检查，包括检查代码的正确性、效率等，标识出可能存在的问题以及修改意见（例如，××行有错误，可以如何修改）。通过多次迭代，模型可以发现并优化初始代码方案中的潜在错误，优化代码结构，提高输出效率。

②设计工具使用模式的智能体：作为信息科技课程助教，可以充分利用智谱清言平台上的信息技术知识库、在线测验系统和互动实验工具，为学生提供丰富的信息科技学习资源。同时，智能体还能够自动搜索和整合最新的教学资料，确保学生获取的信息既准确又前沿。

③设计规划模式的智能体：作为信息科技课程助教，能够根据学生的学习进度、兴趣点和难点，自动规划出个性化的学习计划。智能体应能够合理安排学习任务、测验和复习时间，确保学生在轻松愉快的氛围中掌握信息科技知识。

④设计多智能体协作模式的智能体：作为信息科技课程助教，能够与智谱清言平台上的其他智能体（如"化学百科""超级物理学家"等）进行协作，共同为学生提供全面的学习支持。当遇到跨学科的问题时，智能体能够自动调用相关智能体的功能，为学生提供一站式的学习解决方案。

本案例以设计反思模式的"信息科技课程助教"智能体为例，在文本框中描述所需智能体的功能，然后点击【生成配置】按钮。

图 7-5-3　AI 配置智能体示例

第三步：智谱清言自动生成关于"信息科技课程助教"智能体的配置，如图7-5-4所示。可以看到基于前面的描述，智谱清言自动配置了智能体Logo、名称、简介、配置信息等，甚至为其设置了开场白与预置问题，如"帮我检查这段代码的效率，并提出优化建议。""这段代码的第10行有错误，应该如何修改？"等。

图 7-5-4　自动配置智能体

第四步：再次编辑和完善智能体功能。AI自动生成配置后，可以进一步修改"信息技术课程助教"智能体的个性化配置，包括名称、配置信息、对话模式、开场白、模型能力调用（包括联网能力、AI绘图、代码能力）以及上传知识库文件等。若不知道如何设置智能体功能，可以查看并使用配置信息示例。

图 7-5-5　配置信息示例

第五步：调试与预览智能体。在页面右侧可预览智能体界面，若调试完成，可以点击【刷新保存】按钮，然后点击【发布】按钮。

图 7-5-6　调试和预览智能体

第六步：设置智能体发布权限。可以将智能体设置为【私密】，仅个人可用；也可以设置为【分享】，将链接分享给好友；还可以设置为【公开】，提交到智能体中心供所有教师一起使用。设置完成后，点击【确认发布】按钮。

完成这些操作之后，一个智能体就创建成功了。

图 7-5-7　设置智能体发布权限

第七步：尝试与智能体进行对话。发布成功后，系统会自动跳转至智谱清言对话的首页，此时，对话已默认设置为刚刚成功发布的智能体"信息技术课程助教"。可以直接点击【预置问题】按钮与其进行对话，也可以在输入框中提出需求。提示语示例：如何编写一个Python函数来比较两个数的大小？

图 7-5-8　进入智能体对话界面

图 7-5-9 与智能体进行对话

第八步：让智能体修改并优化生成的输出。将智能体输出的代码片段再输入回去，让其仔细检查代码的准确性、结构规范性、效率等。提示语示例：帮我检查这段代码的正确性与效率，并提出优化建议。

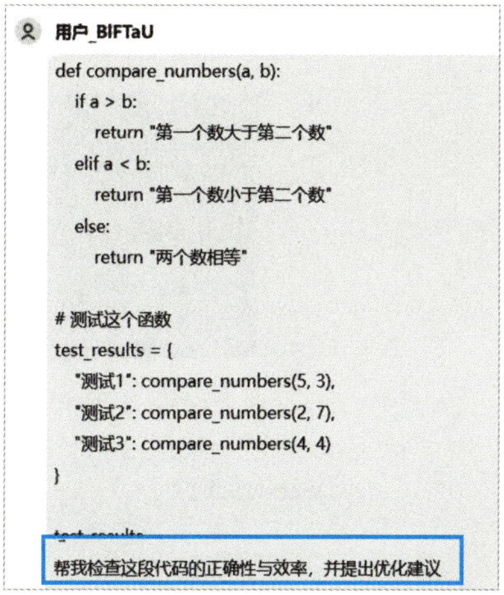

图 7-5-10 让智能体修改并优化输出

"信息技术课程助教"智能体给出的意见如下。

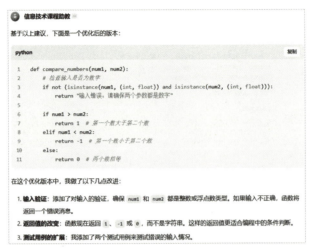

图 7-5-11　智能体优化生成输出

【技巧提示】

（1）上传知识库文件，为智能体提供个性化知识输入。在智谱清言平台中创建的智能体支持多种格式文件上传。通过数据投喂，智能体将被训练得更符合教学实际需要。例如，可在配置"信息技术课程助教"智能体时持续上传信息技术教材、教辅、微课视频、课程作业、考卷等相关资料到知识库配置中。

图 7-5-12　上传知识库文件

（2）**探索智能体中心，使用已有智能体。**进入智谱清言界面，点击【智能体中心】按钮，可以看到已经创建好的智能体应用，涵盖职场提效、学生宝库、虚拟对话、AI绘画等类别。如"清影"智能体，能够帮助教师结合教学内容制作高质量的微课视频；利用"AI画图"智能体，教师只需输入提示语，即可快速生成各种风格的教学图片素材；"新质题专家"智能体，是黎加厚教授根据教育改革政策而创建的智能体，教师可以利用该智能体创建出符合教育政策要求的测试题。这些智能体各具特色，能够满足教师不同教育场景下的多种需求。

图 7-5-13　智能体中心

图 7-5-14　"新质题专家"智能体

除智谱清言的【智能体中心】外，其他通用型文本生成类工具也自带智能体中心（只是名称不同），也拥有许多适用于不同场景的智能体，如Kimi的

【Kimi+】、文心一言的【智能体广场】、豆包的【发现AI智能体】、讯飞星火的【更多智能体】等。教师可在智能体中心，按需按场景搜索及选择适配的智能体使用。

图 7-5-15　Kimi 的【Kimi+】和文心一言的【智能体广场】

图 7-5-16　豆包的【发现 AI 智能体】、讯飞星火的【更多智能体】

（3）**了解多平台智能体功能，高效利用工具。**目前国内已涌现出许多可创建智能体的工具平台，除了智谱清言的GLMs，还有字节跳动的Coze、百度的文心一言、腾讯的元宝、钉钉的AI助理、Kimi的Kimi+智能体等。在选择创建智能体工具时，可以结合自身的工具使用习惯及偏好进行选择，也可以多尝试不同平台创建智能体的效果，在对比中选择最佳者。

拓展资源

· 周玲,王烽.生成式人工智能的教育启示:让每个人成为他自己[J].中国电化教育,2023,(5):9-14.

· 张金磊,王颖,张宝辉.翻转课堂教学模式研究[J].远程教育杂志,2012,30(4):45-51.

· 汪维富,毛美娟,闫寒冰.精准教研视域下的教师评课反馈分析模型研究[J].电化教育研究,2022,43(1):122-128.

· 邵怡蕾.生成式人工智能体的世界图景[J].哲学分析,2024,15(3):166-179.

· 刘景福,钟志贤.基于项目的学习(PBL)模式研究[J].外国教育研究,2022,(11):18-22.

· 廖伟,刘淼,毛玉琳.循证式听评课:为何循证、循何证、如何循证[J].中国教育学刊,2023,(4):86-91.

· 胡小勇,冯智慧.理解翻转课堂从十个问题说起[J].教育信息技术,2015,(11):3-6.

· 侯瑜,户清丽.生成式人工智能在高中地理思维型课堂教学中的应用初探及反思[J].地理教学,2024,(5):24-28.

· 崔允漷.论课堂观察LICC范式:一种专业的听评课[J].教育研究,2012,33(5):79-83.

· 陈思文,孔亚琪,刘宇.基于生成式人工智能的学业评价应用研究:以ChatGPT为例[J].软件工程,2023,26(10):27-31.

模块八

用好GAI，助力科研提质

> "不怕人工智能强，就怕人工智能不正常。"
>
> ——OpenAI联合创始人山姆·阿尔特曼

8-1

掌握高效阅读策略，助力文献深入理解

【场景描述】

除去教学工作外，教师还需要完成科研工作，在此过程中少不了要阅读文献资料、撰写学术论文等。然而，传统的阅读方法在处理繁杂的文本材料时不仅耗时费力，还常常导致教师的阅读效率不尽如人意。面对这一挑战，GAI工具可以处理和理解文献资料，精准提取关键信息，并生成阅读笔记，这不仅极大地提高了教师在文献阅读方面的效率，还可以助力教师实现高效论文写作，成为教师科研道路上的得力助手。

【知识卡片】

（1）**文献阅读的重要性。**①提升研究能力：通过阅读文献，可以学习到

不同的研究方法和分析框架。②扩展视野：了解不同学者的研究和观点，有助于形成更为全面的分析视角。③促进学术交流：阅读文献是参与学术讨论和交流的基础。④提高批判性思维：通过分析和评价文献中的论点，锻炼批判性思维。

（2）**文献阅读的一般步骤。**①确定阅读目的：明确要阅读文献的专业领域、研究领域或期刊来源等。②文献检索：使用数据库、搜索引擎、图书馆目录等工具检索相关的文献。③筛选文献：根据标题、摘要、关键词等信息筛选文献。④初步浏览：快速浏览文献的标题、摘要、引言和结论部分，以决定是否需要深入阅读。⑤深入阅读：对于重要的文献，仔细阅读全文，特别是方法、结果和讨论部分。⑥整理归纳：阅读过程中做笔记，整理关键信息、观点、数据和思考。

【工具材料】

通用型文本生成类工具。

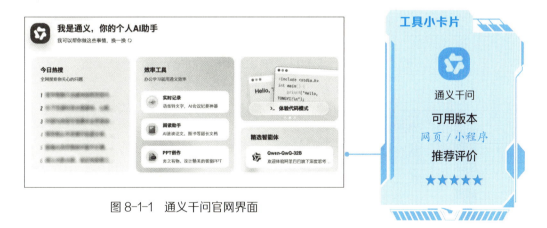

图 8-1-1　通义千问官网界面

通义千问，是一款通用型文本生成类工具，是由阿里云推出的一款超大规模的语言模型，支持文献导读、外文翻译、思路梳理、笔记记录等功能，同时还能一键导出内容，形成完整的阅读笔记，可以极大提高文献阅读的效率。此外，该工具支持多终端使用，能够助力教师科研工作顺利开展。

【应用案例】

　　本节以开展"人工智能赋能教师教学"教师培训工作坊为例，工作坊要求教师阅读大量与人工智能教育应用相关的文献，且撰写一篇以"人工智能在教育教学中的应用"为主题的文献综述。通过下面的四大妙招，借助通义千问助力教师实现高效阅读，为文献综述撰写奠定基础。

妙招一：文献导读

　　第一步：教师可以通过手机号和验证码或者淘宝APP、支付宝APP扫码的方式登录通义千问官网（https://tongyi.aliyun.com），登录完成后可以正常使用页面的各个功能。

图8-1-2　通义千问的登录界面

　　第二步：点击界面中的【阅读助手】按钮，上传文献，待其上传完毕后，在【最近记录】中找到该文献，再点击【阅读助手】按钮。

图8-1-3　通义千问界面

图 8-1-4　上传文献及最近记录界面

第三步：在【导读】下可看到关于这篇文献的全文概述、关键要点以及文献的每页速读，帮助用户快速了解文献的研究内容。

图 8-1-5　导读界面

妙招二：文献翻译

在阅读国外文献时，通义千问可为教师提供有力的翻译支持。它可以处理多种格式的文档，支持多种语言的互译，既可以对整篇文献进行流畅的全文翻译，又可以精准地翻译指定的段落、句子或单词。

第一步：在导读界面中，点击右侧【翻译】栏目开始翻译，即可得到全文翻译。同时，教师可通过划线操作，翻译文献中的指定部分，实现精准翻译。

图 8-1-6　全文翻译

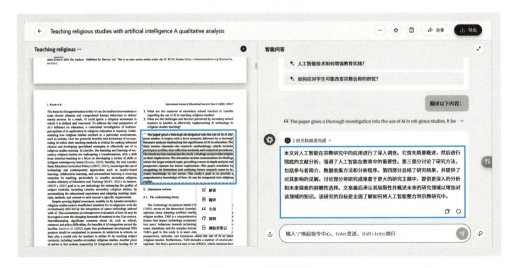

图 8-1-7　划线翻译

第二步：输入提示语。在对话框输入关于这篇文献你想了解的问题，如"研究用到了哪些研究方法"。

图 8-1-8　对话框界面

妙招三：文献脑图

通义千问支持将文献快速转换为脑图，还能导出成XMind、JPG、Markdown等格式，帮助用户快速掌握文献的核心内容。教师可点击右下角的放大箭头，将脑图页面放大至全屏，再点击下方【导出】按钮，选择对应的格式即可下载。

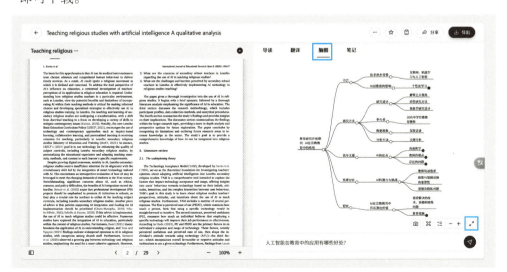

图 8-1-9　脑图界面

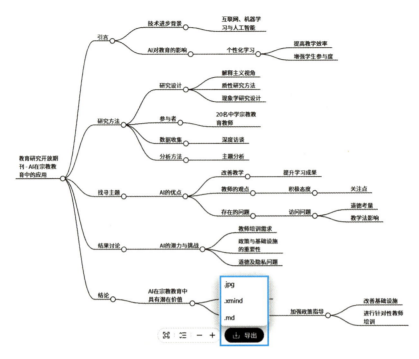

图 8-1-10　脑图导出界面

妙招四：文献笔记

通义千问支持边看边记，随时记录要点，还能通过加粗、高亮、列表、添加图片、表格等方式美化笔记内容，让笔记更清晰易读。

图 8-1-11　笔记界面

笔记完成后还可以一键导出，方便后续查看。通义千问中的导读、翻译和脑图也支持多种形式的导出。点击界面右上方的【导出】按钮，在弹出的页面中勾选想要导出的部分，分别有导读、翻译、脑图和笔记。接着，在右侧下拉框选择导出的格式，不同的部分对应不同的导出格式，教师根据自身需求选择完毕后，点击【导出】按钮即可。

图 8-1-12　导出界面

【技巧提示】

（1）**明确问题指令，助力高效完成文献综述的撰写**。在使用通义千问的对话功能对文献进行研读时，教师可以通过输入具体的问题指令，使通义千问更为准确地理解教师的需求。如想要了解研究的方法时，可以输入："请完整罗列本文一共使用了哪几种研究方法，文中又是如何体现的呢？"如果教师对某个方向的论文已有所了解，希望快速撰写文献综述，可以尝试使用秘塔AI搜索（官网：https://metaso.cn）。它能帮助教师高效撰写文献框架及内容，提升撰写效率。登录秘塔AI搜索界面后，如图8-1-13所示，选择【学术】模式，并点击开启【长思考·R1】，再点击【研究】按钮，勾选【先搜后扩】，即可在对话框输入具体的需求指令。教师还可围绕生成的内容与秘塔展开多轮对话，使其生成的内容更加契合需求，高效完成文献综述。

图 8-1-13　秘塔 AI 探索界面

（2）**合理使用GAI工具，切勿过度依赖。**建议用户在使用通义千问进行文献阅读时，仅将其作为一种辅助工具，同时保持自己的独立思考和深入学习。对于重要的文献，最好还是自己仔细阅读和分析，以确保对知识的全面理解和准确掌握。

8-2

智能问卷生成方案，简化调查设计流程

【场景描述】

在教研工作中，教师时常需要设计问卷以收集学生反馈、评估教学效果或进行教学研究。然而，从构思问题到排版布局，设计一份详尽而有效的问卷需要投入大量时间，无形中加重了教师的负担。问卷设计不仅要求语言准确无歧义，还需融入教育学理论与调研技巧，具有一定的设计难度。因此，借助生成式人工智能工具，是减轻教师负担、提升问卷设计效率的有效途径。

【知识卡片】

（1）问卷的构成。问卷是一种调查者通过书面形式与被调查者沟通的工具。一份问卷通常包括封面信、指导语、问题与答案等。①封面信，需要说明调查者的身份、调查目的、选取调查对象的标准、调查用处等，并需要强调本次调查不会有损被调查者的利益等。②指导语，指导如何正确地填答问卷，包括对某些特定名词的解释。③问题和答案，问卷的问题可分为测量基本情况的特征问题、实际行为问题、态度问题等。

（2）好问卷的标准。一份好的问卷应该具有较高的信效度、适合研究目的和内容、适合调查对象、问题少而精，如表8-2-1所示。

表 8-2-1　好问卷的标准

标准	说明
具有较高的信效度	信度：对同一事物进行重复测量时，所得结果一致性的程度。
	效度：能够准确测出所需测量的事物的程度。
适合研究目的和内容	问卷的问题与所要研究的目的和内容相一致。
适合调查对象	被调查者能够看懂且愿意看。
问题少而精	避免问卷问题过多过长。

【工具材料】

智能设计问卷型文本生成类工具、通用型文本生成类工具。

图 8-2-1　问卷星官网界面

　　问卷星是一款智能设计问卷型文本生成类工具，也是一款专业的在线问卷调查工具，提供多种题型、问卷逻辑和数据分析等功能，可满足各类问卷需求。教师无需下载和安装，可在网页端和小程序端直接登录使用。问卷星具备AI生成问卷功能，能够根据调研主题、目的和数量一键生成调查问卷；具备AI追问功能，能够根据调查者的回答智能追问；具备AI分析功能，可帮助教师智能分析数据并生成结论。

【应用案例】

某小学教学主任想要了解本校教师对生成式人工智能工具的接受度情况，以便为后续培训计划的制定提供科学性参考。但教学主任不知如何下手，便借助生成式人工智能工具制作问卷，并尝试了两个技术方案。

方案一：借助问卷星工具

第一步：进入问卷星官网（https://www.wjx.cn）。如未注册，先点击右上角的【免费注册】按钮进行注册；如已注册，点击【登录】按钮进行登录后即可使用。

第二步：创建问卷。登录后，点击左上角的【创建问卷】按钮，进入问卷创建界面。

图 8-2-2　创建问卷

第三步：选择应用场景。在界面左侧的菜单栏中，可选择【调查】【考试】【投票】等应用场景。根据上述案例需求，此处选择【调查】场景。场景确定后，点击【AI创建问卷】按钮，进入AI创建问卷界面。

图 8-2-3　选择应用场景创建问卷

第四步：填写调研主题和题目数量。根据上述案例要求，在【AI创作】界面【调研主题】内容框中输入"教师对生成式人工智能工具的接受度调查"。根据知识卡片中提到的"问题少而精"的标准，在【题目数量】中输入"15"。【调研目的】可选择性填写。按要求填写完成后，点击【开始创作】按钮。需注意，问卷星的AI创作功能中，题目数量最多不超过30道。

图 8-2-4　填写调研主题和题目数量

第五步：修改问卷。图8-2-5为问卷星自动生成的调查问卷界面，在左侧可对问卷内容进行编辑修改，修改结果会在右侧同步显示。点击界面下方的【完成】按钮，即可进入下一步。

图 8-2-5　修改问卷内容

第六步：进入问卷编辑界面，可更改、补充或删除题型，也可继续对问卷内容进行调整。确定后，点击右上角的【完成编辑】按钮，进入下一步。

图 8-2-6　问卷星的问卷编辑界面

第七步：点击【发布此问卷】按钮，即可获取该问卷的链接与二维码，进行问卷的线上发放与数据收集。

图 8-2-7　发布问卷

图 8-2-8　获取问卷链接与二维码

由上可知，使用问卷星智能生成问卷快速便捷、易上手，只需确定调研主题和题目数量即可，但每次生成的题目数量最多只有30道。若教师想要生成题目数量更多的问卷，可借助Kimi等通用型文本生成类工具，在提示语中明确所需的问卷题目数量即可，但问卷的生成也依赖于提示语的设计。

方案二：借助 Kimi 工具

第一步：进入Kimi官网（https://kimi.moonshot.cn），根据知识卡片中"好问卷的标准"，在对话框输入问卷设计的要求，可在提示语中明确问卷的研究目的和内容、调查对象、题目数量等。如：请帮我设计一份面向小学教师的"教师对生成式人工智能工具的接受度"调查问卷，题目数量为10道。Kimi生成的部分回答如图8-2-9所示。

图 8-2-9　Kimi 的部分回答截图

第二步：复制Kimi生成的问卷，点击回答框下方的【复制】按钮，即可复制成功。将复制的问卷内容粘贴至问卷调查平台，如问卷星。在问卷星平台创建问卷时，选择【批量添加题目】功能，并粘贴所复制的问卷内容即可。

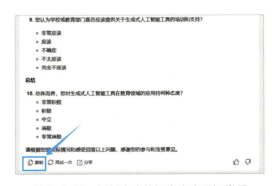

图 8-2-10　复制生成的问卷内容至问卷星

【技巧提示】

（1）融合理论，提升问卷信度与效度。为了使问卷设计更加专业且富有深度，需紧密结合相关领域的理论基础。这不仅有助于系统构建问题框架，确保调查内容全面覆盖研究议题的关键要素，还能通过科学的理论指导，提升问卷的信度与效度。若不确定所要调查的内容可结合哪些理论基础，可让Kimi等通用型文本生成类工具根据研究主题进行推荐。提示语示例：**我想要设计一份"教师对生成式人工智能工具的接受度"问卷，我可以参考哪些理论模型？**Kimi生成的回答如图8-2-11所示。

图 8-2-11　Kimi 关于理论基础的部分回答

可以发现，Kimi会给出多个可参考的理论模型，教师可根据具体描述选择其中一个进行问卷设计，也可以让Kimi只推荐一个最常用的理论模型。继续追问示例：**推荐一个最常用的理论模型。**Kimi便只推荐了"技术接受模型"。接着，要求Kimi根据此理论模型设计问卷，如输入提示语：**请依据技术接受模**

型，帮我设计一份面向小学教师的"教师对生成式人工智能工具的接受度"调查问卷，题目数量不超过20道。Kimi则会根据技术接受模型的关键要素对问卷进行设计，Kimi生成的部分回答如图8-2-12所示。

图 8-2-12　Kimi 对问卷题目的部分回答

（2）借助"AI追问"，挖掘更深层次的观点。"AI追问"是问卷星新上线的功能，其通过模拟人类对话中的深入询问和探讨过程，引导被调查者进一步阐释观点和看法，丰富真实数据。首先，进入问卷星的问卷编辑界面，在左侧【填空题】栏目中即可找到【AI追问】功能。其次，根据研究目的，修改默认题目，还可修改【最大对话轮次】。最后，点击【完成编辑】按钮。当问卷发布后，AI就能与被调查者进行对话，实现智能追问。

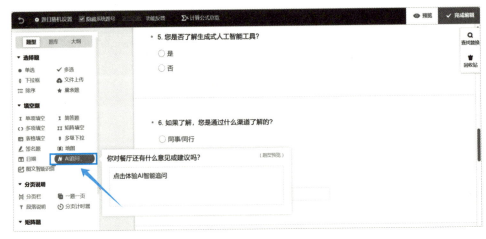

图 8-2-13　问卷星的 AI 追问功能

（3）借助"AI报告"，**智能分析问卷数据**。"AI报告"是问卷星自带的智能数据分析功能，可一键生成分析报告，包括每道题目的表格、柱状图、条形图、折线图、雷达图等可视化结果与分析结论，以及调查结果的总结论。"AI报告"功能在问卷星【分析&下载】界面的右侧，如图8-2-14所示。

图 8-2-14 问卷星的 AI 报告功能

8-3

"ChatExcel"，革新 Excel 数据交互分析

【场景描述】

在当今教育领域，数据驱动的评价与决策至关重要。教师、研究人员和教育管理者在日常工作中需处理大量教育数据，这些数据涵盖学生成绩、学习行为、课堂表现等方面，蕴含着丰富的信息，是优化教育的关键。教师通过分析学生成绩数据，能实施精准教学；研究人员通过挖掘学习行为数据，可探索教育规律；教育管理者依据课堂表现数据，能合理配置资源，共同推动教育高质量发展。

【知识卡片】

常用的数据可视化图表类型及在教育中的应用。

表 8-3-1　常用数据可视化图表类型及教育应用

图表类型	应用场景	优势
柱状图	可用于对比不同班级或学生的成绩、出勤率、作业完成率等数据。	能够清晰地展示数据的大小对比，让人一眼就能分辨出数据的高低和差异，易于理解。
折线图	可用于展示学生成绩、学习时长等随时间变化的数据趋势。	可以很好地呈现数据的变化趋势，帮助教师预测学生未来的学习表现，及时发现潜在问题并采取相应措施。

（续表）

图表类型	应用场景	优势
饼图	可展示各部分数据在总体中所占的比例关系。	能够直观地反映各部分数据与整体的关系，突出占比情况，让教师快速了解数据的结构分布。
散点图	常用于探究两个变量之间的关系。	帮助教师发现数据之间的潜在关系，为教学策略的调整提供依据。
箱线图	可用于分析数据的分布情况，展示数据的中位数、四分位数、异常值等信息。	能够全面展示数据的分布特征，包括数据的离散程度和集中趋势。

【工具材料】

数据分析文本生成类工具。

图 8-3-1　ChatExcel 官网界面

ChatExcel，专业型 Excel 数据处理与教学辅助工具，集数据处理、智能分析、图表生成等强大功能于一身。该工具支持多平台使用，是教师教学路上的得力助手。在整理学生成绩时，它能快速处理 Excel 数据，能进行排名、筛选和统计分析；备课阶段，它可依据教学数据生成直观图表辅助教学展示；课后辅导时，它能针对学生的学习数据变化提供分析建议。ChatExcel 可全方位助力教师提升教学效率，优化教学决策。

表 8-3-2 ChatExcel 功能分类

大类功能	小类功能	具体内容
Excel 处理	数据清洗	可自动识别并清理重复、错误或无效数据。
	数据查找	能够快速定位特定数据。
	数据计数	统计符合特定条件的数据数量。
	多表合并与拆分功能	可整合多个Excel表格数据，或按需求拆分表格。
数据运算	求和	对一组数据进行相加，得出总和。
	求平均值	计算一组数据的平均值，能反映这组数据的集中趋势。
	求极值	找出一组数据中的最大值和最小值。
	逻辑计算	依据设定的条件和规则进行运算判断。
	合并计算	将多个数据区域或表格的数据按照一定规则进行合并计算。
数据分析	对比分析	比较不同数据集间的差异。
	交叉分析	探究多个变量之间的关系。
	关联分析	挖掘数据间的潜在联系。
	相关性分析	计算变量间的相关程度。
	线性回归	预测数值型变量的变化趋势。
图表生成	柱状图	对比数据大小。
	饼图	展示各部分占比。
	折线图	呈现数据变化趋势。
	面积图	强调数据随时间或类别变化的幅度。
	组合图	可综合多种图表优势，直观展示复杂数据关系。

【应用案例】

　　某中学语文学科组组长李老师负责整个年级的成绩管理工作，每学期考试后，将面对大量学生成绩数据，处理起来十分烦琐。李老师将包含学生各科成绩的Excel文件上传至ChatExcel，利用ChatExcel处理数据，以此直观了解各班级语文教学效果差异，具体步骤如下。

第一步： 进入ChatExcel官网（https://chatexcel.com）界面，点击【开始使用】按钮。如果之前未使用过该工具，则需要微信扫码或用手机号登录。

图 8-3-2　ChatExcel 登录界面

第二步： 登录完成后，进入ChatExcel-Pro页面，可以选择符合用户需求的数据分析功能进行操作，或者通过右侧对话框上传文件进行对话操作。以学生成绩查找为例，点击【学生成绩查找】按钮。

图 8-3-3　ChatExcel-Pro 页面

图 8-3-4　ChatExcel 功能选择

第三步：在对话框内输入对数据处理的要求："统计每个班级语文成绩的平均分、最高分和最低分，并按平均分从高到低排序。"，并点击【 ✈ 】按钮。

图 8-3-5　对 ChatExcel 进行提问

第四步：点击【文件预览】或【分析结果】按钮，可预览文件或查看分析结果；点击【保存成图片】按钮，可将分析结果保存为图片。

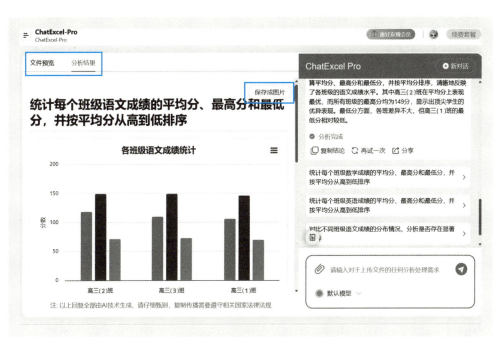

图 8-3-6 ChatExcel 数据分析结果的柱状图

图 8-3-7 ChatExcel 数据分析的平均分、最高分、最低分的结果图

【技巧提示】

（1）**精确表述需求**。在输入分析需求时，尽量使用简洁、准确的语言，明确数据范围、分析目的和输出格式。例如，"计算高三年级所有班级本学期数学期末考试成绩的平均分，保留两位小数，并以班级为行、平均分数据为列的表格形式输出"。避免模糊表述，以免得到不准确的结果。

（2）**巧用追问功能**。若对分析结果有进一步需求，可利用展开推荐问题或继续追问功能。如在得到各班级学生成绩平均分后，可追问"各班级成绩优秀（90分及以上）学生的比例是多少"，深入挖掘数据价值，减少重复上传文件和输入指令的操作。

（3）**利用模板和样例**。ChatExcel提供了海量数据表格模板，涵盖多个行业和应用场景。在处理相似数据时，可参考这些模板，快速完成数据整理和分析框架搭建，提高工作效率。同时，学习官方能力演示和行业专题样例的操作方式，有助于教师掌握更复杂的数据分析技巧。

8-4

"办公小浣熊"，高效实现数据可视化

【场景描述】

对丰富的教育数据进行深度剖析之后，以可视化的形式将分析结果呈现出来尤为必要。可视化并非简单的呈现，而是让其穿透数据的繁杂表象，将其中蕴含的潜在规律、发展趋势以及内在关联，以直观且易于理解的图表、图形等形式展现。可以说，数据可视化搭建起了一座从数据到教育智慧的桥梁，让教育从业者能充分挖掘数据价值，引领教育的高质量发展。

【知识卡片】

（1）**数据可视化的概念与重要性。**数据可视化是指将数据以图形、图表、地图等直观的视觉形式呈现出来，以更清晰、更有效的模式传递数据中的信息。对于教师而言，数据可视化至关重要。一方面，教师日常接触到的学生成绩、课堂表现、学习进度等数据繁多冗杂，通过数据可视化，能将这些数据转化为直观易懂的图形或图表，帮助教师快速掌握关键信息，节省分析时间；另一方面，可视化的数据便于教师向学生、家长以及学校管理层展示教学成果和学生学习情况，促进多方沟通与协作。

（2）**数据可视化在教学中的实践步骤。**

①**明确目的：**教师首先要确定数据可视化的目的，是分析学生成绩情况、了解学生课堂参与度，还是展示教学成果等。例如，为了分析学生本学期数学成绩的变化趋势，教师选择使用折线图来展示学生每次考试的成绩数据。

②**收集与整理数据**：根据目的收集相关数据，如学生的成绩数据、考勤记录等，并进行数据整理和清洗，以确保数据的准确性和完整性。例如，教师将学生的历次数学考试成绩整理到Excel表格中，检查其是否存在缺失值或错误数据。

③**选择合适的图表类型**：根据数据特点和分析目的选择合适的图表。如果是对比不同班级学生的成绩，可选择柱状图；如果是展示成绩的变化趋势，折线图更合适；若是分析学生成绩在各分数段的分布情况，则用饼图更为直观。

④**创建图表**：使用相应的数据可视化工具创建图表。在创建过程中，对图表进行美化和标注，如添加标题、坐标轴标签、图例等，使图表更清晰易懂。例如，在Excel中创建柱状图时，设置图表标题为"各班级数学成绩对比"，横坐标为"班级名称"，纵坐标为"平均分"。

⑤**分析与解读图表**：创建好图表后，教师要对图表进行分析和解读，从中发现问题和规律，并据此调整教学策略。例如，通过分析成绩折线图，发现某个学生成绩持续下滑，教师可以及时与该学生沟通，了解原因并提供帮助。

【工具材料】

数据分析文本生成类工具。

图 8-4-1　办公小浣熊登录界面

办公小浣熊是一款数据分析类工具，集成了AI家族Raccoon的多项功能，能处理分析多种格式的数据，自动生成各类可视化图表，还可辅助撰写各类文档，管理日程与邮件。此外，该工具支持多终端使用，能助力教师高效办公。

【应用案例】

在高三备考阶段，学校需要深入了解学生的学习情况，以便为教学策略调整和学生个性化辅导提供依据。孙老师基于三个高三班级多门学科的成绩数据，借助办公小浣熊数据分析工具挖掘数据价值，及时发现学生学习优势与问题，助力优化教学策略。

第一步： 打开办公小浣熊官网（https://xiaohuanxiong.com），点击【办公小浣熊】按钮。如果之前未使用过该应用，则需要先注册并登录。

图 8-4-2　办公小浣熊

第二步： 完成登录后，点击【▯】按钮展开目录功能，再点击【数据分析】按钮进行数据分析。

图 8-4-3　办公小浣熊功能选择

第三步：点击【📎】按钮上传需要分析的Excel文件，并在输入框中输入数据分析的需求。

本案例中设计的提示语为：首先，计算每门学科成绩的平均分、最高分、最低分、标准差，用合适的假设检验方法判断不同班级成绩差异是否显著；其次，根据数据生成对比三个班级各科平均成绩的柱状图；最后，运用K-Means算法对学生成绩进行聚类分析并阐述每类学生的特点。

图 8-4-4　办公小浣熊对话功能

图 8-4-5　对办公小浣熊进行提问

第四步：得到数据分析结果如图8-4-6至图8-4-9所示。

步骤1：提取成绩数据并计算统计量

我们将提取数学、英语、语文和政治的成绩，并计算每门学科的平均分、最高分、最低分和标准差。

接下来执行这一步骤。

☑ 打印统计结果 </>

我们已经成功计算了每门学科的平均分、最高分、最低分和标准差，结果如下：

- **数学：**
  - 平均分: 111.69
  - 最高分: 148
  - 最低分: 70
  - 标准差: 21.81
- **英语：**
  - 平均分: 110.72
  - 最高分: 149
  - 最低分: 70
  - 标准差: 22.88
- **语文：**
  - 平均分: 111.67
  - 最高分: 149
  - 最低分: 70
  - 标准差: 23.50
- **政治：**
  - 平均分: 76.83
  - 最高分: 99
  - 最低分: 51
  - 标准差: 14.45

接下来，我们将使用适当的假设检验方法（例如 ANOVA）来判断不同班级的成绩差异是否显著。

图 8-4-6　办公小浣熊数据分析平均分、最高分、最低分、标准差的结果图

步骤2：进行假设检验

我们将对不同班级的各科成绩进行 ANOVA 检验，以判断班级之间的成绩差异是否显著。

☑ 打印 ANOVA 检验结果 </>
☑ 打印 ANOVA 检验结果 </>
☑ 打印 ANOVA 检验结果 </>

ANOVA 检验结果显示不同班级在各科成绩上的差异如下：

- **数学：**
  - F 值: 2.82
  - p 值: 0.065（接近显著性水平 0.05，可能存在显著差异）
- **英语：**
  - F 值: 0.34
  - p 值: 0.710（无显著差异）
- **语文：**
  - F 值: 2.28
  - p 值: 0.108（无显著差异）
- **政治：**
  - F 值: 0.18
  - p 值: 0.836（无显著差异）

从结果来看，数学成绩在不同班级之间可能存在显著差异，而其他科目没有显著差异。

图 8-4-7　办公小浣熊数据分析显著性差异的结果图

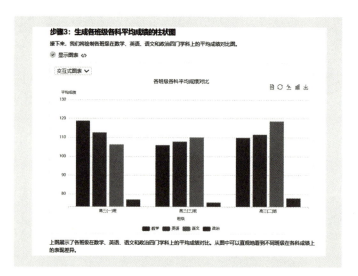

图 8-4-8　办公小浣熊数据分析各科平均成绩的结果图

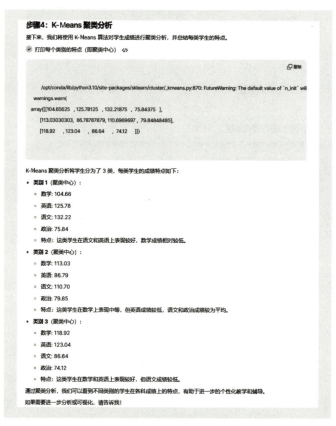

图 8-4-9　办公小浣熊数据分析聚类分析的结果

【技巧提示】

（1）**跨场景借鉴迁移分析思路**。在使用办公小浣熊进行数据分析时，可以参考其他领域类似的数据处理方式。例如，金融领域分析市场波动常用的时间序列分析方法，就可迁移到分析学生成绩随时间的变化趋势上；还能借鉴医疗领域分析疾病因素的关联分析方法，挖掘影响学生学习效果的各类因素之间的联系，拓宽分析思路，发现新的数据规律。

（2）**结合多种分析方法**。不要局限于单一的分析方法，尝试将不同类型的分析方法结合起来。例如，在进行数据可视化展示后，再使用机器学习算法进行预测；或者在文本分析的基础上，进行统计分析，从多个角度全面了解数据，获取更丰富的信息。

（3）**持续优化提示语**。根据办公小浣熊的反馈结果，不断优化提示语。如果发现结果不准确或者不符合预期，仔细检查提示语是否表达清晰、需求是否明确，及时调整提示语，以获得符合自身需求的分析结果。提示语框架可以参考如图8-4-10所示示例：这是一份（请简略说明）文件，该数据用于支持完成（输入你的需求，如用户画像分析）的工作。请读取文件中的数据，对数据进行（如描述性分析、趋势分析等操作），并绘制出（如柱状图、热力图等可视化需求），用于展示（如趋势变化、差异对比等分析目标）。

图 8-4-10　提示语框架图

8-5

人机协同撰写技巧，优化科研申报书

【场景描述】

课题研究作为教师专业发展的重要组成部分，不仅能够推动教育理论的深化与实践的创新，而且也是提升教师教学能力和科研能力，促进学术交流的重要途径。然而，申报课题的过程往往充满挑战，从选题的确定、已有研究的梳理到课题方案的设计、预期成果的规划，每一步都要求教师具备深厚的学术积累和严谨的研究思维。生成式人工智能技术的发展为教师申报课题带来了便利，有助于提高课题申报书撰写的效率，让教师能够将更多的时间和精力投入到研究与创新中。

【知识卡片】

课题申报书的内容一般包括封面、课题组基本信息、近期与课题相关的研究成果、研究设计论证、预期成果、经费预算等。其中，研究设计论证是课题申报书的核心部分，包括国内外研究现状述评和选题意义，研究基本思路和主要观点，创新程度、预期成果和价值，研究基础和保障，具体描述可见表8-5-1。

表 8-5-1　研究设计论证的四个方面

方面	具体描述
国内外研究现状述评和选题意义	述评国内外已有研究，明确对于同一问题的研究到了何种程度，解决了哪些问题，还有哪些问题需要解决，思考本课题研究的创新点和突破点。

（续表）

方面	具体描述
研究基本思路和主要观点	基本思路即研究的切入点、重点、难点是什么，基本的逻辑关系是什么，采用怎样的研究方法；陈述在研究过程中形成的主要观点，其需具备新颖性、针对性、现实性、可操作性等特征。
创新程度、预期成果和价值	解决了什么问题，所持观点和思路是否首次提出，达到了怎样的创新程度，有何重大理论价值和现实意义，对应用研究和对策研究有何重要影响。
研究基础和保障	已积累和取得的与研究课题相关的研究成果，主要的、权威性的、必要的参考文献和重要的论证。

【工具材料】

通用型文本生成类工具。

【应用案例】

全国各省、自治区、直辖市哲学社会科学工作办公室均会组织申报各省、自治区、直辖市的社会科学规划研究项目，即省级社会科学规划研究项目。本节将主要以某省社会科学规划研究项目为例，借助DeepSeek辅助分析省级社科项目申报要求、寻找申报选题、撰写课题申报书。DeepSeek介绍及使用技巧详见4-5节。

环节一：GAI辅助分析课题申报要求

每类课题都有课题申报公告，这些公告作为指导原则与规范框架，对确保研究项目的科学性、可行性至关重要。但是，部分教师经常忽略课题申报公告，只是粗略阅读或忽略部分细节，这不利于教师深入把握课题。只有仔细研读、洞察公告背后的深层意图，才能真正挖掘和论证出符合课题申报要求的独特视角和创新点。为此，教师可以将课题申报公告中的相关信息输给GAI，让其辅助分析，并指出课题申报中应注意的事项。

第一步：登录DeepSeek对话界面，点击【深度思考（R1）】和【联网搜索】按钮。

图 8-5-1　DeepSeek 对话界面

第二步：输入提示语。在对话框中输入相应的材料内容及要求，等待DeepSeek生成相应的解读内容。（注：###是区隔符，可用于区分教师提供的材料内容和提问内容，###区隔符内的内容为提供的材料内容）

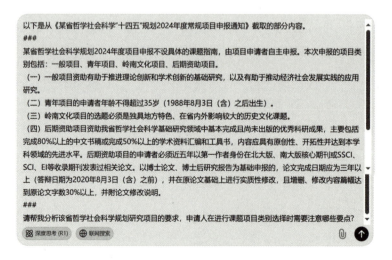

图 8-5-2　输入提示语

第三步：查看DeepSeek生成的回答，了解申报通知中提到的重要内容。

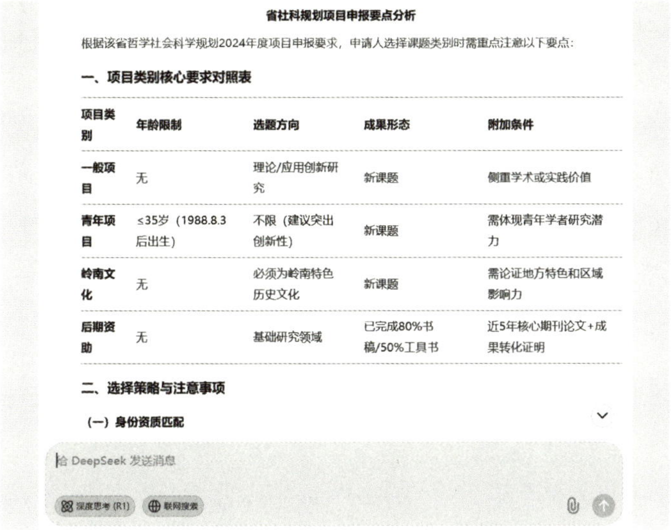

省社科规划项目申报要点分析

根据该省哲学社会科学规划2024年度项目申报要求，申请人选择课题类别时需重点注意以下要点：

一、项目类别核心要求对照表

项目类别	年龄限制	选题方向	成果形态	附加条件
一般项目	无	理论/应用创新研究	新课题	侧重学术或实践价值
青年项目	≤35岁（1988.8.3后出生）	不限（建议突出创新性）	新课题	需体现青年学者研究潜力
岭南文化	无	必须为岭南特色历史文化	新课题	需论证地方特色和区域影响力
后期资助	无	基础研究领域	已完成80%书稿/50%工具书	近5年核心期刊论文+成果转化证明

二、选择策略与注意事项

（一）身份资质匹配

给 DeepSeek 发送消息

深度思考 (R1)　联网搜索

图 8-5-3　DeepSeek 生成的回答（部分截图）

环节二：GAI 辅助寻找申报选题

很多类型的课题申报都给出了课题申报指南，教师可根据课题指南按原题申报，或对原题进行修改后确定具体题目再进行申报。绝大多数的课题申报会允许教师根据课题指南的指导思想和基本要求，结合自身的研究兴趣和学术积累申报自选课题。省社会科学规划研究项目等少数课题申报不提供课题指南，教师可根据课题申报公告中的指导思想，结合自身实际情况，自行确定课题题目。因此，教师可立足自身的学术研究领域向GAI发问，了解在自身学科领域范围内，国家需要研究者们解决哪些重要的现实问题。

第一步：设计并输入提示语。根据RACE提示语框架（角色、行动、情境、期望）设计提示语，可参考以下句型。

我是一名【填入学段】教师，已工作【填入教龄】，职称为【填入职称】，目前【没有承担/正在主持】【某级别】课题，【参与/主持过】【某级别】课题，我的专业是【填入相应的专业】，我的研究方向是【填入相应的方向】，我来自【大学/科研机构/其他机构】，你将扮演【课题同行评议专家】角色【设定角色】。我目前正在准备申报【项目类别】，需要你的指导、协助和建议【设定情境】。课题申报指南中有选题指南，我对其中的【指南中的具体条目】很感兴趣。但是，选题只明确了研究主题、范围和方向，教师须立足选题要求，从不同学科领域、不同研究视角自拟题目进行申报，不得将选题直接作为申报题目【设定行动】。你能告诉我，结合我的专业和研究方向，我可以申报哪些具体的题目吗？【设定期望】

可对生成的选题继续提问，提示语句型示例：我的研究兴趣为【研究兴趣】，我的研究基础是【研究基础，越详细越好，包括课题和论文等】，你能再结合我的研究兴趣、研究基础和【项目类别】所要求的【要求】，把上述选题再次细化吗？

在对话框中输入提示语，等待DeepSeek生成可参考的申报书选题。

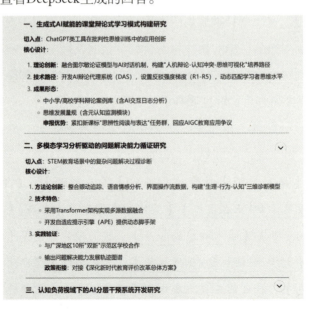

图 8-5-4　输入提示语

第二步：查看DeepSeek生成的回答。

图 8-5-5　DeepSeek 生成参考选题（部分截图）

从回答来看，对初次申报课题或学术能力偏弱的教师来说，这些选题能够给他们带来很大的启发。但GAI生成的选题还需进一步论证其科学性和创新性，不建议直接使用。教师可根据自己的前期研究、研究能力以及所掌握的研究理论和研究方法等，对生成的选题进行修改。

环节三：GAI 辅助撰写课题申报书

课题申报书一般包括选题依据、研究内容、创新之处、预期成果等模块的撰写。选题依据包括研究背景、学术史和研究价值；研究内容包括研究对象、主要目标、重点难点、研究计划及其可行性；创新之处包括在学术观点、研究方法和实践方面的特色与创新；预期成果包括成果形式、宣传转化及预期学术价值和社会效益等。教师可以借助GAI整体性梳理各模块，也可以分要素梳理各模块。

整体性提问句型：我在申报【项目类别】，我的选题是【申报题目】，我在写课题申报书，请你帮我撰写关于这个选题的【申报书的模块】。

接下来以研究背景模块为例，展示如何借助GAI整体性梳理申报书的研究背景。

第一步：输入提示语。使用整体性提问句型，在对话框中输入相应的提示语，等待DeepSeek生成回答。

我在申报某省社会科学规划研究项目，我的选题是"生成式AI赋能的课堂辩论式学习模式构建研究"，我在写课题申报书，请你帮我梳理关于这个选题的研究背景。

🞮 深度思考 (R1)　🌐 联网搜索　　　　　　　　　📎

图 8-5-6　输入提示语

第二步：查看DeepSeek生成的回答。

一、教育数字化转型的必然要求

1. **政策驱动**：新课标强调"思辨性阅读与表达"任务群建设，要求通过辩论、研讨等形式培养批判性思维，而传统课堂受限于师生比和资源供给，难以实现个性化思辨训练 ⑮。

2. **技术赋能**：生成式AI突破传统教学工具的单向输出局限，通过动态内容生成（如反常规问题、多模态辩论场景）创造认知冲突，为高阶思维训练提供技术支撑 ① ⑨。

3. **国际趋势**：LAK 2024会议指出，AIGC正在重构人机协同学习过程，其自然语言交互能力可模拟真实辩论场景，为学习分析提供多维度行为数据 ⑭。

二、生成式AI在教育场景的应用深化

1. **教学模式革新**：

   ○ **内容生成**：AI可即时生成跨学科辩论议题（如"工业革命加剧阶级分化"），激发学生多视角思辨 ⑨；

   ○ **过程支持**：基于大语言模型的实时论点反馈系统（如Math Nation平台的解题引导机制），可提供分步骤逻辑修正建议 ⑭。

2. **角色重构**：

   ○ **AI作为辩论协作者**：模拟持方角色与学生对抗辩论，突破传统课堂中同伴观点同质化局限 ⑧；

   ○ **教师作为设计者**：从知识传授者转型为辩论框架设计师，通过调整AI参数（如反驳强度梯度）适配不同认知水平 ⑨。

三、当前课堂辩论模式的现实困境

1. **动态交互不足**：传统辩论依赖预设题库，缺乏实时生成能力，难以应对学生思维跳跃性 ①；

图 8-5-7　DeepSeek 生成研究背景（部分截图）

通过整体性提问，GAI给出的研究背景还是比较规范的，但是细究起来，内容略显空洞。为解决这一问题，教师可以分析出研究背景包含的要素，然后根据这些要素进一步提问。

【技巧提示】

（1）依据TMAQ模型设计课题申报类提示语。TMAQ模型，即"理论（Theory）—方法（Method）—思路（Approach）—问题（Question）"模型，主要适用于辅助课题申报和论文写作的提示语框架。其要求提示语需包括课题或论文撰写所依照的研究理论、研究方法、研究思路和研究问题。

提示语句型示例如下：我在申报【项目类别】，我的课题选题为【课题名称】，我采用的理论是【研究理论】，运用【研究方法】，采用【研究思路】

进行研究。根据这个思路，我主要想研究【研究问题】等问题。假设你是经验丰富的课题评审专家，请你为我列出这个课题的【内容框架/研究重点难点/研究目标】，字数为【提出要求】。

（2）要求"以表格形式呈现内容"。在申报书中适当增加表格，可以清楚地将所要阐述的内容可视化呈现出来。如在学术史部分，增加表格将清晰呈现研究的国内外学术史，也能给评审专家留下好印象。

生成表格的提问句型如下：我在申报【项目类别】，我的选题是【申报题目】，我在写课题申报书，请你帮我撰写关于这个选题的【申报书的模块】，【申报书的模块】要素包括【要素一】【要素二】……【要素N】。请以表格形式呈现内容。

（3）切勿使用GAI直接生成申报材料。科技部监督司编制了《负责任研究行为规范指引（2023）》，对科研单位提出了开展负责任研究应普遍遵循的科学道德准则和学术研究规范。该文件明确指出："不得使用生成式人工智能直接生成申报材料。"因此，我们倡导将GAI作为学术顾问、学术助手和学术伙伴。在撰写的过程中，需要GAI启发我们，而不是替代我们撰写申请书。我们倡导采用GAI与人类协同工作的模式，共同精心撰写申报书，确保申报内容的质量与合规性。

拓展资源

· 赵鑫,宋义平,郭泽德.做好课题申报:AI辅助申请书写作[M].北京:人民邮电出版社,2024.

· 张祥兰.找准科研选题:走好课题研究第一步[J].中小学管理,2022,(7):40-43.

· 游俊哲.ChatGPT类生成式人工智能在科研场景中的应用风险与控制措施[J].情报理论与实践,2023,46(6):24-32.

· 杨小微,鄘力.基础教育研究聚焦何处:从近两年教育科学规划课题申报与立项看我国基础教育研究的趋势与导向[J].教育研究,2008,(7):26-31.

· 徐锦芬,邓巧玲.大学英语学习者对直播教学平台的接受度:基于技术接受模型的研究[J].外语教学与研究,2024,56(2):262-273,320-321.

· 文传浩,夏宇,杨绍军.国家社科基金项目申报规范、技巧与案例[M].成都:西南财经大学出版社,2021.

· 孙硕,胡小勇,穆肃,等.师范生教学基本技能智能实训模型及应用研究[J].电化教育研究,2024,45(6):113-120.

· 孙建军,成颖,柯青.TAM模型研究进展:模型演化[J].情报科学,2007,(8):1121-1127.

· 胡小勇,黄婕,林梓柔,等.教育人工智能伦理:内涵框架、认知现状与风险规避[J].现代远程教育研究,2022,34(2):21-28,36.

· 风笑天.社会调查中的问卷设计[M].北京:中国人民大学出版社,2014.

· 顾小清,黄景碧,朱元锟,等.让数据说话:决策支持系统在教育中的应用[J].开放教育研究,2010,16(5):99-106.

· 张金磊,张宝辉,刘永贵.数据可视化技术在教学中的应用探究[J].现代远程教育研究,2013,(6):98-104+111.

· 汪爱珠,马燕,项铸.基于知识图谱的国内教育大数据可视化分析[J].数字教育,2020,6(6):28-32.

· 郑娅峰,赵亚宁,白雪,等.教育大数据可视化研究综述[J].计算机科学与探索,2021,15(3):403-422.

· 刘欢,汤维中,任友群.数据可视化促进教育决策科学化:内涵、策略与挑战[J].教育发展研究,2018,38(5):75-82.

· 郭世豪.基于大数据的在线教学平台数据可视化研究[J].河南广播电视大学学报,2022,35(1):7-11.

后 记

> "教育者，非为已往，非为现在，而专为将来。"
>
> ——蔡元培

新一代人工智能技术发展如潮。以 DeepSeek、ChatGPT、Sora、Kimi、讯飞星火大模型、文心一言等为代表的生成式人工智能正推动着教育创新发展，教师亟须学会驾驭技术，将生成式人工智能技术融入工作场景，提质减负。然而，技术不是万能的，人工智能的应用存在双刃剑效应。作为育人之人，教师极有必要做深入思考——如何以科学理性和负责任的方式来使用生成式人工智能。

教师需要主动顺应时代趋势，积极应对挑战，正确看待和使用技术、用好技术，规避智能技术的增负风险。一方面，教师要树立终身学习意识，主动提升智能教育素养，保持天天向上的初心与以教润心的温度。另一方面，教师与AI之间需要保持好协同平衡的边界。过度依赖AI决策，会使教师对教书育人的诸多思考被逐渐"削弱"和"钝化"。教师应把握智能技术应用的"尺度"，防止教育主体的"附庸化"和"依赖化"。

人工智能技术发展一日千里。我们深知，本书虽尽可能跟进了当前生成式人工智能赋能教师的相关应用，但仍无法保证与技术进化同步实时更新。例如在本书编写过程中，"文心一言"的APP版本已经改名为"文小言"，通义万相的网站界面也发生了大变化。如有可能，我们将对本书进行更新再版，力图生生不息，与时俱进。

最后，感谢在编写过程中给予我们团队指导和支持的专家、学者以及参与"生成式人工智能赋能未来教师"高级研修班课程学习的学员们，他们为本书注入了应用案例与实践灵感。感谢编辑团队的辛勤工作，使得这本书得以顺利出版并呈现给读者。还要特别感谢每位积极探索、勇敢尝试的教师，你不仅是AI时代的开拓者，更是教育的守护者。愿本书不仅是你教学工具箱中的一份指南，也是你智慧旅程中的一个伙伴。

附录一

华南师范大学教育人工智能研究院简介

华南师范大学教育人工智能研究院成立于2021年，是全国高校首个教育人工智能研究院。研究院凸显师范大学服务好教师教育和基础教育的根本使命，是多学科交叉融合的研究平台，是政产学研用的协同服务平台。研究院将努力建设成为教育人工智能基础理论创新的策源地、关键技术场景的研发地、实践应用模式的示范区、复合创新型人才培养的孵化器。

研究院注重创新发展，重点聚焦教师智能培养方向，不仅开展了一系列重要课题，包括国家重点研发计划课题"面向专业素养的多元形成性评价及智慧学习领航技术"、国家社会科学基金项目"人工智能视域下的教师画像及应用研究"与"教师数字胜任力伴随式智能测评研究"、国家自然科学基金项目"基于自注意霍克斯过程与随机置换的在线学习事件序列依赖挖掘方法研究"，中国博士后科学基金面上资助项目"人机双师协同赋能学生高阶能力培养模式与实践追踪研究"，更快速积累了一系列标志性成果，包括国家一流线上课程"人工智能教育应用"、国家级教学成果二等奖"信息化教研赋能教师集群化高质量协同发展的创新与实践"等。

研究院注重产研融合，校企共建了师范生教学能力智能实训系统产学研基地、乡村智能教育支撑平台研发与示范应用产学研基地、广东省普通高校人文社科重点研究基地"粤港澳大湾区教育数智化研究与创新应用中心"等原创性场景群；创办了全国高校首个"教育人工智能"师范生微专业，《人工智能助力师范生教学基本技能智能训练的创新实践》入选了全国高校第二批32个"人工智能+高等教育"典型应用场景案例并在国家高等智慧教育云平台展播。

研究院重视服务教师，获批了教育部"教师智能教育素养研究"虚拟教研室、教育部"智能教研环境设计与应用"实践共同体，并在国家和省级高端教学成果培育方面呈现出集群化发展态势。研究院成果多次被《人民日报》《中国教育报》、学习强国平台等媒体报道，并接待了许多学术同行的交流参访和研修培训，具备良好的社会影响力。

华南师范大学教育人工智能研究院

附录二

"生成式人工智能赋能未来教师"
高级研修班简介

教师，是建成高质量教育体系的第一资源，教师强则教育强。《国家教育数字化战略行动》强调"加快推进教育数字转型和智能升级"。教育部《人工智能助推教师队伍建设行动试点通知》强调"培养智能时代的高质量教师队伍"。为帮助一线教师提升数字素养，有效应对生成式人工智能带来的机遇和挑战，华南师范大学教育人工智能研究院精心研发了"生成式人工智能赋能未来教师"高级研修课程，并在多轮研修中持续迭代优化，深受学员好评，助力教师迈向智能教育的新境界。

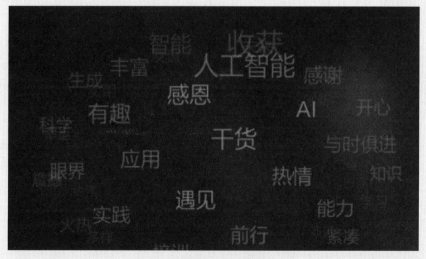

研修班学员评价词云

本研修课程系专为一线教师及对GAI赋能教育教学感兴趣的教育工作者而设计，内容涵盖六大核心模块，包括"智能升级，何以为师""用好GAI帮教师工作减负""巧用GAI生成教学资源""巧用GAI创新教与学""善用GAI评价教与学"以及"把GAI作为教育科研的好伙伴"。其旨在达成六大目标：一是深化理论认识——提升GAI与教育教学深度融合的理论水平；二是掌握工具技能——掌握用GAI工具提升工作效能的操作技巧；三是理解模式方法——理解将GAI应用于教育教学的模式与方法；四是创新教学设计——设计将GAI有效融入课堂教学的创新方案；五是场景观摩体验——实地观摩并探究GAI教育应用的场景特征；六是培育思维伦理——树立好科学的智能教育思维与伦理价值观。

研修课程以工作坊为主，采用主题化、体验式、实操化方式，融合理论分享、主题研讨、学法创新、场景体验、技术操练、作品设计、案例点评等方式，注重学以致用和应用能力培养。本研修课程凸显七大特色：一是前沿性——课程汇聚最新的GAI大模型工具和教育理念；二是问题性——聚焦教、学、评、备、辅、研等智能教育难点问题；三是实操性——注重培养学员掌握GAI教育应用技术和方法技能；四是参与式——融合观、做、练、讲、评等多样化活动组织研修；五是场景式——以场景观摩增强GAI教育应用的理解与体验迁移；六是有组织——将六个模块一体化融合衔接设计，成立临时班委；七是持续性——优先申请加入成为教育部"教师智能教育素养研究"虚拟教研室成员，天天向上。展望未来，"生成式人工智能赋能未来教师"高级研修课程将不断精进与创新，持续助力好教师提升数字素养。我们相信，通过系统的学习和实践，教师将能够更好地应对智能时代的新挑战，开好、上好生成式人工智能教育应用课。